AYDA LEVY

EL REY DE LA COCAÍNA

Ayda Levy nació en Riberalta, Bolivia, en 1934. Estudió en el Colegio Irlandés de Cochabamba y planeó seguir sus estudios en Alemania. Su viaje se interrumpió al casarse con Roberto Suárez Gómez en 1958, a quien conocía desde muy joven en Santa Ana. Administró y gestionó los negocios ganaderos de su esposo durante veintitrés años, hasta su separación, cuando confirmó la participación de Roberto Suárez en negocios de narcotráfico. Actualmente vive en Santa Cruz de la Sierra, cerca de sus hijos y sus nietos.

EL REY
DE LA COCAÍNA

AYDA LEVY

EL REY
DE LA COCAÍNA

Mi vida con Roberto Suárez Gómez
y el nacimiento del primer narcoestado

VINTAGE ESPAÑOL
Una división de Random House LLC
Nueva York

PRIMERA EDICIÓN VINTAGE ESPAÑOL, SEPTIEMBRE 2013

Información de catalogación de publicaciones disponible en
la Biblioteca del Congreso de los Estados Unidos.

Vintage ISBN: 978-0-345-80531-7

Dedicatoria

Doy gracias a Dios por haber puesto sobre mis hombros una cruz que no sobrepasó mis fuerzas y me permitió llegar hasta las páginas de este libro, que dejo como legado a mis adorados nietos: Harold Marcos, Cinthya María, Ericka, Andrés, Nicole, Gary, Roberto y Nicolás.

Conociendo mi verdad, tesoros míos, comprenderán que fue escrita con lágrimas de dolor, pero tenía que hacerlo para que ustedes recorran seguros este largo y no fácil camino de la vida.

Los amo,

AYDA

Dios nos abre las heridas para poder curarnos.
SAN AGUSTÍN

EL REY
DE LA COCAÍNA

Índice

Prólogo

Eran casi las seis y media de la tarde del jueves 20 de julio del año 2000. Yo estaba en el balcón de mi dormitorio con vista al jardín de mi casa en Cochabamba, ubicada a pocas cuadras del paseo El Prado y la plaza Colón. La ciudad de las flores y la eterna primavera no parecía tan eterna ese invierno después de la puesta del sol. La temperatura había descendido de manera considerable y la cumbre del Tunari lucía su manto blanco por la reciente nevada de la Virgen del Carmen. Un halo de tristeza se apoderó de mí repentinamente. Pensé que mi desazón se debía a la partida de mi nuera y mis nietas a la Florida buscando sol y playa para pasar sus vacaciones. Traté de reanimarme al recordar que al día siguiente almorzaría con mi hija Heidy y mi nieto Andrés, quien con su risa inundaría el silencio de la casa.

Me quedé contemplando la triste silueta del viejo árbol de guinda que plantamos con Roberto en el jardín principal a los pocos días de que compramos la casa. En esa ocasión, quizá inspirado en los versos de Franz Tamayo, él me dijo: "Negrita, la belleza de más de dos centenas de rosales y su fragancia te representan a vos, las paredes de pino recortado que encierran el jardín son el aro de amor que nos une, pero falta un árbol que me represente a mí". Al escucharlo hablar de esa manera no pude evitar sonrojarme y apenas contuve la risa. Era la primera vez que lo oía recitar algo parecido a un poema de amor. Guiñándome el ojo, añadió

13

con picardía: "Te sonará cursi, pero es verdad". Ese mismo día fuimos a un pequeño vivero en las afueras de la ciudad, donde escogió ese arbolito, tan parecido a él, de carácter indómito y rebelde, con frutos ácidos y dulces a la vez.

Estaba tan absorta en mis pensamientos que apenas escuché el timbre incesante del teléfono de mi dormitorio. No me apresuré a contestar, pese a que pocas personas tenían acceso a ese número privado. Confieso que desde que me llamaron para darme la noticia del asesinato de mi hijo mayor, diez años antes, mientras me encontraba de vacaciones en São Paulo, tengo cierto temor a contestar cualquier llamada telefónica. Esta vez no estaba equivocada. Levanté el auricular y escuché la voz entrecortada de mi hijo Gary diciéndome: "Mamacita, mi padre acaba de morir. Hemos decidido trasladarlo mañana a Cochabamba para enterrarlo al lado de mi hermano". Rompí a llorar y derramé todas las lágrimas que había guardado durante las dos últimas décadas para el único hombre que amé en mi vida y las pocas que me sobraron después de la inesperada muerte de mi amado hijo Roby. Bella, la hermana que me acompañó desde siempre, compartiendo mi casa y la crianza de mis hijos, subió apresurada a mi dormitorio, alarmada por mi llanto. Entre sollozos la puse al tanto de los acontecimientos, mientras me alcanzaba una copa de agua y ordenaba a los empleados que no me pasasen ninguna llamada, salvo las de mi familia.

El tiempo pareció detenerse y mi angustia se hizo interminable, esperando con ansias la llamada de Harold, mi hijo menor, desde Madrid. Lloraba también por él. Amaba e idolatraba a su padre y no podría asistir a su entierro por la diferencia horaria.

Habían pasado poco más de dos meses desde que Roberto estuvo en la casa, el 16 de mayo, para el festejo de los quince años de Cinthya María, la mayor de mis nietas. Esa noche, durante la recepción, aprovechó un descuido mío y subió a mi dormitorio. Lo encontré sentado en mi cama observando un viejo retrato familiar que nos tomamos en Buenos Aires el día de la graduación de mi hija del colegio St. Hilda's, en el año 1977. Reaccioné indignada ante su presencia. Haciendo de tripas corazón y escogiendo una a una mis palabras, le dije en tono calmado pero categórico que él ya no tenía ningún derecho para violar mi privacidad. Me perturbó su osadía al invadir mi lecho, mudo testigo de mil y una noches de insomnio desde que nos separamos, cuando decidió tomar un camino muy diferente al que nos trazamos mientras forjábamos juntos un destino.

Roberto no podía salir de su asombro. Las reuniones que mantuvimos por diversos motivos después de nuestra separación, en el año 1981, se habían desarrollado siempre formales y circunspectas, dentro de un marco de cordialidad y respeto. Desde la muerte de nuestro primogénito, en marzo de 1990, yo había llorado en silencio y maldecido al destino por haberlo cruzado en mi camino y rehusaba reunirme a solas con él. Ahora que lo tenía frente a mí, perdiendo el aplomo lo responsabilicé de haber manchado el honor y la dignidad de nuestra familia, arrastrándonos en una vorágine de problemas de nunca acabar. Aproveché la oportunidad, sin imaginar que sería la última, para echarle en cara esas y muchas otras culpabilidades que me brotaban a raudales.

Cuando noté el brillo de la primera lágrima de perdón que comenzaba a descender por su mejilla, me calmé y con un nudo en la garganta le pedí que se marchara. La única frase que tuve por respuesta fue: "Tenés razón, Negra, pudimos ser felices, muy felices". Se levantó, y después de besar mi frente bajó con lentitud las escaleras y se marchó. Fue la última vez que nos vimos.

El anuncio de la llegada de mi hija y su llanto inconsolable me hicieron volver a la realidad. Los teléfonos no dejaban de sonar y escuché voces de familiares y amigos cercanos que acudieron de inmediato después de conocer la noticia. En ese momento un locutor de televisión interrumpió la programación habitual para informar, desde la ciudad de Santa Cruz de la Sierra, que Roberto Suárez Gómez, el Rey de la Cocaína, había muerto.

Esa frase me retumbó en la cabeza, mi mente titubeó y cada centímetro de mi cuerpo se estremeció. Mi memoria y mis pensamientos me transportaron hasta los primeros años de mi niñez en Riberalta. Recordé con tristeza el profundo pesar que causó la muerte del anterior rey de los Suárez, en el año 1940, en Cachuela Esperanza.

"Roberto Suárez: 'No creo en esta guerra'"

El País, 5 de febrero de 1990

"Yo no creo en esta guerra contra el narcotráfico, porque nadie va a erradicar el mayor negocio del mundo. De lo que se trata aquí es de la transferencia de la intermediación", afirmó Roberto Suárez Gómez [...]

El ganadero e industrial beniano y su hijo mayor Roberto, Roby, están convencidos de que, contrariamente a lo que parece, "los esfuerzos han sido por agrandar los mercados, bajar los precios y reafirmar una política dirigida hacia la corrupción permanente y endémica de los gobiernos de los países productores de coca, que los deja sin opción de sentar soberanía, especialmente en estas negociaciones llamadas cumbres".

Suárez Gómez justifica esta apreciación vertida por su hijo y señala que, desde 1980, se habló de la sustitución de los cultivos de hoja de coca, pero "cuando las fuerzas especiales antidroga y los miembros de la DEA entraron a vivir en las zonas productoras, los cultivos de hoja de coca no bajaron, sino que aumentaron".

Pero, además, según Suárez Gómez, la creciente producción de cocaína tiene facilidades para salir del país. "Los socios del sistema", que, según Suárez Gómez, son seis, "tienen luz verde para exportar a Estados Unidos, mientras que el otro 60% del tráfico es encubierto oficialmente".

El hijo mayor de Suárez Gómez afirma por su parte que "son estas cumbres donde se está procesando un plan de ajuste del monopolio

17

de la economía de la coca y la cocaína por parte del Departamento de Estado que, desde hace 16 años, con Kissinger y Nixon, ejecuta un plan de control de las economías de los países andinos y que ahora culminan con el plan Bennett como instrumento de una política cruel". Menos vehemente que el hijo, el padre advierte simplemente que el objetivo no es sólo delinear políticas y estrategias de lucha contra el narcotráfico. "La idea aquí es la transferencia de la intermediación de la cocaína", a zonas más cercanas y de más fácil acceso a nuevos y potenciales mercados de consumo.

Las cifras del negocio ilícito de la cocaína a nivel mundial superan la de otros negocios legales que, hasta hace poco tiempo, estaban considerados como los de mayor rentabilidad. Sólo en América Latina, el volumen de operaciones, según fuentes oficiales supera con creces al monto de la deuda externa de la región. Suárez Gómez afirma que es posible controlar el narcotráfico sin derramar sangre. Hermético en su plan, deja apenas entrever que puede establecerse un nuevo monopolio en la producción de cocaína, en los sectores de consumo a base de precios accesibles a élites solamente, es decir, altamente prohibitivos. Pero a cambio, pudiera popularizarse toda la gama de productos derivados de la coca que no son nocivos en absoluto para las mayorías. "Yo termino con el problema en menos de un mes."

CAPÍTULO 1

La Casa Suárez

Nicolás Suárez Callaú, el Rey de la Goma, nació en Santa Cruz de la Sierra en el año 1851. Fue el menor de ocho hermanos concebidos de la unión de Rafael Suárez Arana, descendiente directo de Lorenzo Suárez de Figueroa, adelantado español y gobernador de Santa Cruz que llegó a estas tierras en el año 1580, y de Petrona Callaú Vargas. El mayor de la estirpe, Pedro Suárez Callaú, fue el primero en trasladarse desde la región cruceña de Portachuelo al noreste del país a mediados de la década de 1850. Fundó en la pequeña población beniana de Reyes los cimientos de la Casa Suárez, empresa creada para la exportación de la cascarilla de quina *(Cinchona pubescens)*, homeopático forestal que se utilizaba para el tratamiento del paludismo y la malaria.

Ante el éxito de la creciente empresa, sus hermanos menores lo siguieron y se establecieron también en el departamento del Beni, creado sobre los antiguos territorios del Gran Moxos, tierra de mitos y leyendas como la del *Gran Paitití*, El Dorado en lengua castellana. Con la participación de ellos, la Casa Suárez diversificó sus negocios y comenzó a exportar la "madera que llora": el caucho (de la lengua nativa maina *caa*, "madera", y *ochu*, "llorar"), como se conoce en el mundo a la goma elástica *(Cyamopsi tetragonolobus)*.

A finales de la década de 1850 la empresa familiar expandió sus intereses y operaciones comerciales en la región central del oriente boliviano. La travesía para llegar al río Madeira, vía fluvial que conducía sus exportaciones a los puertos del Atlántico, era larga y penosa. Navegaban a punta de remo por un laberinto de ríos en la cuenca del río Beni. Realizaban transbordos para llevar la carga de cascarilla de quina y las bolachas de goma, que pesaban cerca de ochenta kilos cada una, en carretas jaladas por bueyes hasta llegar al río Yacuma y desembocar en el río Mamoré. En la travesía demoraban más de tres meses.

A comienzos de la década de 1860, Pedro Suárez Callaú contrajo matrimonio en la ciudad de La Paz con Cornelia Saravia Caselli, hermana de un empresario argentino que trabajaba para él. Fijó su residencia en Santa Ana del Yacuma, donde mandó construir una casona de estilo victoriano en la acera este de la plaza principal para tener el control desde el corazón de la Amazonía boliviana de los negocios familiares. Tuvieron cinco hijos. El mayor de ellos, Pedro Suárez Saravia, se casó en Londres con Jessie Sisson, rebautizada en Bolivia como Leticia.

En 1971, Cecil Beaton, el excéntrico fotógrafo de la realeza inglesa, diseñador de vestuarios y escenarios en películas tan populares que lo hicieron ganar sendos premios de la Academia por *Gigi* (1958) y *My Fair Lady* (1964), escribió un libro que tituló *My Bolivian Aunt*. Esta obra narra de forma exagerada las aventuras de su tía, Leticia Sisson, hermana de su madre, durante un viaje que ésta realizó a Bolivia en compañía de su marido en el año 1890. Beaton siempre reconoció que su parentesco político con la familia Suárez fue la llave maestra para que la corte de St. James y la realeza inglesa le abrieran sus puertas.

A los veintinueve años de edad, Nicolás Suárez Callaú se embarcó en una peligrosa aventura río abajo al internarse en territorios inexplorados, poblados por tribus salvajes. Navegó hasta estrellarse contra una gran cachuela que ya Edwin Heath había bautizado con el nombre de Esperanza en honor a su piloto fluvial, un indio araona llamado Ildefonso. El médico norteamericano completó la travesía que realizó el pionero boliviano José Agustín Palacios en el año 1846 e hizo realidad el sueño del extinto presidente general José Ballivián: Nicolás trazó en su mente los planos del desvío de las aguas y los terraplenes para seguir la ruta fluvial hasta el río Madeira, principal afluente del río Amazonas, y encontró la salida lacustre directa al océano Atlántico para el *hinterland* amazónico. Allí fundó, a principios de 1882, la primera barraca cauchera con el nombre de Cachuela Esperanza, e hizo de ella capital del emporio de la Casa Suárez.

Una vez consolidada la nueva ruta fluvial, el imperio creció a pasos agigantados. Los hermanos Suárez comenzaron a explotar y exportar la goma de manera intensiva y masiva a los mercados europeos y poco después a los Estados Unidos de América, donde eran llamados los Rockefeller de la Goma. Por mandato de Pedro, y siguiendo las instrucciones de Nicolás, en el año 1883 Francisco Suárez Callaú estableció en Londres la primera sociedad patrimonial vinculada con la goma bajo el nombre de Suárez Hermanos Limited.

La familia crecía al mismo ritmo que las estradas gomeras y las cabezas de ganado en las haciendas. El progreso y los adelantos tecnológicos eran prioritarios en las inversiones de los Suárez. Modernizaron sus propiedades y equiparon sus instalaciones. Para su buen vivir trajeron a los mejores arquitectos franceses e ingleses, quienes diseñaron y construyeron fastuosas residencias, canchas de tenis y jardines. Sus establos, llenos de caballos árabes de Andalucía, eran motivo de admiración para unos y envidia para otros. En esa época Cachuela Esperanza ya contaba con agua potable, telégrafo, ingenio azucarero, destilería, ferrocarril, usina eléctrica y uno de los más modernos hospitales de América Latina, con el primer equipo de rayos X que llegó al país. Mandaron construir una réplica más pequeña del teatro de Manaos, y por cierto menos ostentosa, donde instalaron un proyector de cine para el entretenimiento dominical de los empleados de menor rango. Para la familia y los altos ejecutivos se presentaban los elencos originales de la mayoría de las afamadas obras parisinas y londinenses que llegaban desde Europa.

La empresa cauchera más grande del mundo llegó a controlar casi el total de la producción en Bolivia y monopolizó la comercialización del mismo, al cubrir 70% de la demanda mundial. Durante la "fiebre del caucho" tenía en Cachuela Esperanza cerca de dos mil empleados, quienes eran los encargados de supervisar a las decenas de miles de recolectores de caucho o siringueros desplegados en más de ciento cincuenta mil kilómetros cuadrados de la Amazonía boliviana. Los hermanos Suárez eran dueños de más de un centenar de casonas y otra cantidad similar de oficinas y depósitos a lo largo y ancho de los antiguos territorios de Moxos y Santa Cruz. Titularon la mitad de sus dominios, cinco millones de hectáreas, en tierras de pastoreo con más de quinientas mil cabezas de ganado vacuno, y tres millones de hectáreas con aproximadamente cien mil estradas gomeras. Poseían doce vapores, sesenta remolques y otras tantas barcazas. La extensión de sus posesiones certificadas sumaba ochenta mil kilómetros cuadrados, superficie similar a la de Suiza y Holanda juntas, bienes por los que tributaban ingentes cantidades de dinero al tesoro general de la nación.

Por necesidades logísticas, mantenían oficinas en las ciudades de Manaos, Belém do Pará, Zúrich, Madrid y Liverpool. En Londres, ciudad donde gestionaban las finanzas de su sociedad, compraron dos mansiones. A la del área urbana la llamaron Santa Cruz y a la del área rural, Beni.

En 1896 Nicomedes Suárez Saravia retornó a Santa Ana de Londres. Venía capacitado para administrar los negocios de su familia. Al igual que su padre y su tío Nicolás, consideraba necesario mantener el monopolio en la producción y comercialización del caucho. Sabedor de que la familia Franco Roca intentaba exportar la goma por medios propios, entabló negociaciones con Matilde Franco Roca para adquirir su empresa. La solución se dio cuando Nicomedes se enamoró de Matilde, fue correspondido y se casaron. Al año siguiente, la muerte de su tío Francisco forzó a Nicomedes a realizar frecuentes viajes al Brasil para controlar el flujo de las exportaciones familiares desde las oficinas de Manaos y Pará. En medio de la sangrienta Guerra Federal que se desarrollaba en el occidente del país, en el año 1898, la pareja fue bendecida con el nacimiento de Nicomedes Suárez Franco, quien a la postre sería el único hijo nacido de esa unión.

Durante la primera década del nuevo siglo Nicomedes y Matilde viajaban cada año a Cachuela Esperanza para embarcarse a Buenos Aires. Desde allí continuaban su periplo hasta Inglaterra en modernos y cómodos trasatlánticos para visitar a su hijo, que asistía a un prestigioso colegio en Londres. El niño vivía con sus tíos Pedro y Leticia, quienes eran sus tutores.

Los hermanos Suárez Callaú y sus hijos, jóvenes valientes, formados profesionalmente en Inglaterra, siempre austeros y disciplinados, financiaron casi de forma íntegra la Guerra del Acre, que confrontó a Bolivia y Brasil entre los años 1902 y 1903, durante la presidencia del general José Manuel Pando. Este venerable general y su ministro de Defensa, doctor Ismael Montes, estuvieron al frente del ejército boliviano durante la contienda. Enlazaron con la resistencia que de manera patriótica dirigían los Suárez. Pando admiró la valentía del patriarca Pedro y sus hermanos y valoró el aporte que hizo la familia al importar con recursos propios costoso armamento inglés para nuestras fuerzas armadas antes y durante la guerra con Brasil.

Nicolás en persona comandó la gloriosa Columna Porvenir, que derrotó y expulsó a los invasores brasileños en la batalla de Bahía, hoy Cobija, capital del departamento de Pando. Continuó en la lucha hasta el armisticio de Petrópolis. Desde la fundación de la República, en 1825, la batalla de Bahía ha sido una de las pocas victorias conseguidas por nuestro ejército en las diferentes guerras en que Bolivia ha tomado parte.

Gracias a la estrecha relación nacida durante la guerra entre la cúpula del poder político-militar de La Paz y los hermanos Suárez, en el año 1904 el coronel Pedro Suárez Saravia fue nombrado gobernador de Sucre, capital de la República, y al año siguiente embajador plenipotenciario y cónsul general ante la corte de St. James en Londres. Con ese nombramiento el gobierno boliviano, liderado por su leal y fiel amigo doctor Ismael Montes, presidente de la República, quiso de alguna manera aprovechar la amistad personal que tenía Pedro con Eduardo VII, rey de Inglaterra, para recomponer las deterioradas relaciones entre Bolivia y Gran Bretaña por el apoyo material y logístico recibido por Chile de parte del imperio en la penúltima década del siglo xix, en detrimento de nuestro país y del Perú durante la Guerra del Pacífico. Además, la buena amistad del coronel Suárez con el joven rey de España, Alfonso XIII, sirvió de buena manera para estrechar los lazos comerciales con la madre patria.

Pedro Suárez Callaú murió a fines de 1908. Nicolás, cumpliendo uno de los deseos póstumos de su hermano, amplió al año siguiente la sociedad Suárez Hermanos & Company Limited, London, y la registró con un patrimonio declarado de setecientas cincuenta mil libras esterlinas en Guernsey, islas del Canal. Esta sociedad, a través del tiempo, con espíritu patriótico y desprendido, otorgó numerosos empréstitos a la República de Bolivia. El gobierno del general Pando aprobó una ley el 29 de noviembre de 1902, con la cual autorizaba a la Casa Suárez emitir su propio papel moneda, que era admitido en pago en todas las oficinas fiscales y aduanas del noroeste de la República y del departamento del Beni.

Mientras tanto, en el año 1876 la corona inglesa, por intermedio de su comisionado, un tal Wickham, logró llevar de contrabando desde la Amazonía setenta mil semillas del árbol del caucho *(Heveas brasiliensis)* e invirtió para ese cometido menos de dos mil libras esterlinas, incluido el flete. Durante décadas, sus agrónomos utilizaron esas semillas para desarrollar y preparar cientos de miles de plantines, que sirvieron de base para las plantaciones industriales en sus colonias asiáticas de Malasia e Indonesia. En el año 1915 las plantaciones de Asia comenzaron a producir en gran escala. Gran Bretaña se convirtió en el primer productor mundial de caucho y rebajó a la mitad el precio de la goma elástica en los mercados internacionales.

El fin de la primera Guerra Mundial le dio un nuevo impulso a las exportaciones de caucho amazónico, pero no duró mucho. En el año 1920, consciente de que la estructura de poder había cambiado de forma drástica al término de la conflagración mundial, Nicomedes Suárez Saravia decidió priorizar e incrementar la cría de ganado vacuno de raza para exportar a los mercados de los estados fronterizos del Brasil, contrario a la idea de sus tíos y primos hermanos, quienes aún tenían la esperanza de que la goma recuperara su valor. Había comenzado ya una lenta e imparable decadencia de la *belle époque* que tuvo su fin a mediados del siglo pasado gracias a la invención de la goma sintética, bautizada como "neopreno" a comienzos de la década de 1930. Durante la segunda Guerra Mundial los precios volvieron a subir, pero esa recuperación sólo duró hasta el final de la contienda bélica.

Nicomedes Suárez Saravia, sintiéndose enfermo, apresuró el retorno de su hijo que, concluida su carrera universitaria en Londres, consideraba tomarse un año sabático antes de volver a Santa Ana del Yacuma. Nicomedes Suárez Franco pronto relevó a su padre en la administración del patrimonio y las empresas. Trajo consigo del Viejo Mundo un bagaje de nuevas ideas y conocimientos revolucionarios sobre genética animal que se comenzaban a probar de forma experimental y clandestina en la India. Estaba seguro de poder desarrollar una raza vacuna de mayor peso y calidad de carne. A la muerte de su padre, el joven heredero dio rienda suelta a sus inquietudes. Fue pionero en genética animal, al desarrollar la raza vacuna caracú. Contrató a especialistas portugueses y brasileños, quienes ayudaron a industrializar y a perfeccionar el salado de la carne. Llegó a exportar cinco mil toneladas anuales de charque o "pacote" a los mercados del coloso Brasil desde su hacienda El Saladero, ubicada a una legua de Santa Ana, a orillas del río Yacuma. Era el Rey del Ganado.

Ese establecimiento emuló la opulencia de Cachuela Esperanza, al contar incluso con una red de telefonía que servía para comunicarse con el resto de las haciendas y la casa de Santa Ana. En El Saladero las construcciones eran señoriales, mezclando lo clásico del estilo colonial español con lo utilitario de lo angloafricano. El interior de la casona central era majestuoso. En la mesa del comedor principal cabían más de treinta personas cómodamente sentadas. Infinidad de veces esos salones fueron testigos privilegiados de fiestas y banquetes que ofrecían los Suárez en honor a la llegada de presidentes, embajadores extranjeros e ilustres personalidades que visitaban la Amazonía boliviana. Muchos han dejado constancia en relatos y artículos de prensa sobre la magia de esos alejados parajes y la excelencia de sus anfitriones.

Nicomedes Suárez Franco era un hombre elegante y de maneras sofisticadas. A diferencia del resto de sus familiares, quienes habían importado lujosos automóviles de fabricación norteamericana para trasladarse de Cachuela Esperanza hasta sus hermosas propiedades de descanso, Villa Judith y Santo Domingo, Nicomedes mantenía un estilo inglés inigualable. Poseía una magnífica colección de carruajes traídos desde Europa, con excepción de uno que le obsequió el príncipe de La Glorieta. Era todo un acontecimiento su llegada a la plaza principal de Santa Ana en alguno de ellos, jalados por dos o cuatro bellísimos corceles blancos o azabaches, según la ocasión, guiados por Raymundo, su fiel cochero y caballerizo de origen brasileño.

El matrimonio de Nicomedes con Blanca Gómez Roca, en el año 1924, dio mucho de qué hablar en la región. Ambos eran descendientes de dos de las familias más tradicionales del oriente boliviano. La novia era hija de Manuela Roca Ortiz, una rica hacendada, dueña de varias propiedades ganaderas en Santa Rosa del Yacuma. De esa unión concibieron cuatro hijos. El menor de ellos, nacido en Santa Ana el 8 de enero de 1932, fue Roberto Suárez Gómez.

"Peces gordos en Bolivia eluden redada anticocaína"

Chicago Tribune, 22 de julio de 1986

La Paz, Bolivia.— Helicópteros norteamericanos fueron asolados por el mal tiempo nuevamente este lunes, declaró un ministro del gabinete [...] Herman Antelo, ministro de información, culpó a los medios de comunicación por las filtraciones que pusieron sobre aviso a los narcotraficantes más buscados y lograron así evadir su captura.

Sin embargo, declaró, el operativo fue "todo un éxito", caracterizado por un "entusiasmo exacerbado" ya que gracias a ello se logró frenar la producción de cocaína y así se ha arrastrado a la industria del narcotráfico a un "caos total".

Seis helicópteros —Halcones Negros— que Estados Unidos prestó a la policía antinarcóticos de Bolivia se quedaron en tierra por segundo día consecutivo debido a las fuertes lluvias en la región del Beni, tierra tropical ubicada al noreste de La Paz donde florecen los productores de cocaína. Dos helicópteros despegaron para llevar a cabo las redadas del lunes, pero se vieron forzados a regresar dadas las condiciones climatológicas.

El periódico de La Paz *El Diario* reportó el lunes que las operaciones se extenderían durante los siguientes días hacia otras regiones del país, posiblemente a Santa Cruz, Cochabamba y La Paz, pero Antelo declaró que de momento permanecerían en el Beni.

Antelo aseguró en un artículo publicado en la revista *Newsweek* que uno de los grandes logros de la redada fue la clausura definitiva de varios laboratorios de cocaína propiedad del reputado Roberto Suárez Gómez, piedra angular del negocio del narcotráfico. En la revista se dice que una tercera parte de los laboratorios objetivo pertenecen a Suárez y a su familia.

"Creo que es producto, sobre todo, de la prensa", declaró Antelo, aludiendo al hecho de que la fama de Suárez proviene más del exterior que de los bolivianos. "Lo que sabemos es que Roberto Suárez es un narcotraficante cuyo poder comienza a flaquear", dijo. "Existen hoy muchos otros narcotraficantes más importantes que él."

CAPÍTULO 2

Klaus Altmann-Barbie

En un viaje de negocios que hicimos a La Paz en los primeros días del mes de octubre de 1979, Roberto se reunió de manera reservada en el restaurante del hotel Sucre con el comandante del Colegio Militar, el coronel Alberto Natusch Busch. Este destacado militar era por esos días el beniano que ostentaba el grado de mayor jerarquía dentro de las filas castrenses.

Esa noche, aceptando la gentil invitación del coronel Natusch, asistimos a una cena en el Círculo de Oficiales del Ejército (COE). La mesa que compartimos con él y algunos empresarios de esa ciudad estaba integrada, además, por un señor de origen alemán de nombre Klaus Altmann, que se sentó al lado mío. Durante la velada, la conversación estuvo marcada por el alto grado de preocupación de los presentes por la crisis que atravesaba el país a causa de la crítica e insostenible situación económica, la cual generaba inestabilidad social y política. Todos estábamos muy preocupados por la inseguridad ciudadana, Roberto más que ninguno, debido a que los índices delincuenciales habían aumentado de manera considerable en los últimos meses.

Me llenaba de orgullo contemplarlo mientras era el centro de atención de los presentes. De inmediato vendría a mi mente la anécdota que me contó años antes acerca de la primera vez que pasó sus vacaciones sin sus padres en Cachuela Esperanza. Durante el verano de 1939, un año después de la muerte de su madre, compartió en la capital del emporio de la Casa Suárez gran parte de su tiempo con su famoso tío bisabuelo Nicolás Suárez Callaú, su compañero de juegos y aventuras. Recordaba con cariño cómo éste lo salvó de morir ahogado al volcarse la canoa en la que navegaban, después de estrellarse contra una de las grandes piedras de la cachuela frente a la casona principal. Nicolás lo jaló de los cabellos para sacarlo de las turbulentas aguas del río Beni y esperaron abrazados encima de una piedra a que los rescatasen. Ese hecho marcaría su vida y su destino. Roberto repetiría con nostalgia la frase que en esa oportunidad le dijo el maltrecho Rey de la Goma: "Sos mi estampa viva, no podía dejarte morir". De seguro, impresionado por la madurez y fortaleza del niño, heredero del temple de su hermano Pedro, veía en él al sucesor de su estirpe. Los años compartidos junto a él me darían la certeza de que el anciano no estaba equivocado.

Mientras mi marido exponía sus puntos de vista y discutía el futuro político de la nación con nuestro anfitrión y sus amigos, yo le conté al extranjero sobre mi frustrado deseo de asistir a la Universidad de Hamburgo en su país. La opción de estudiar ciencias políticas en esa prestigiosa institución se había concretado en los primeros días del mes de enero de 1958. Me esperaba en Alemania asiento facultativo y trabajo estable. La cuenta regresiva para mi viaje a Europa había comenzado cuando un buen amigo de mi padre nos visitó en Santa Ana y me ofreció la secretaría del consulado boliviano en Hamburgo. Martín Freudenthal, designado como cónsul general de la misión diplomática en esa ciudad por el primer gobierno de Hernán Siles Zuazo, conociendo mis inquietudes académicas, prometió a mis padres poner su mayor esfuerzo para compatibilizar el horario de atención del consulado con el de la universidad. La fecha de nuestra partida estaba programada para mediados de abril. Cuando le dije a Altmann que el motivo por el que decidí quedarme fue para casarme con

Roberto, él me respondió: "No se arrepienta, estoy seguro de que ha sido la mejor decisión que ha tomado en su vida". Sus palabras me reconfortaron, pero al mismo tiempo me dejaron pensando en cuál era la razón para que una persona a la que recién estaba conociendo me hablara con tal propiedad.

Él había llegado a Bolivia a mediados de los años cincuenta. Su principal actividad empresarial era la construcción y vivía con su familia en el barrio de Cala Cala de la ciudad de Cochabamba. El alemán tenía los ojos de un penetrante color azul acerado similares a los de mi padre, pero a diferencia de la frialdad de su mirada, la de mi progenitor transmitía una bondad infinita. Mis hermanas heredaron sus ojos claros. Sin embargo, los míos son café oscuro. Cada vez que le reclamaba acerca de mi herencia genética, él me respondía que yo había sido afortunada por heredar el hermoso color de ojos de mi madre.

A nuestro regreso a Cochabamba, Roberto me pidió que hiciera preparar un menú especial para la cena, donde incluyera algunas de las recetas que aprendí de mi madre sobre los secretos de la cocina española que ella fusionaba con un gusto exquisito con las delicias de la comida criolla.

Nuestros ilustres invitados eran los esposos Altmann. A primera vista, Regina era una mujer encantadora, amable y educada. Nunca entendí por qué, al ser alemana, hablaba el español con un acento francés muy parecido al de mi padre. Al escucharla no pude disimular mi estremecimiento. Ella, al darse cuenta, me preguntó el motivo. Le conté que mi padre, Shalom Levy Simonds, nació en Haifa en el año 1889. Cuando era muy niño su familia migró a Rabat, en Marruecos, donde cursó la escuela primaria y secundaria. Continuó sus estudios superiores en la ciudad francesa de Lyon bajo la tutela de un hermano de su padre. A fines del año 1913 se embarcó en el puerto de Marsella con destino al Perú, escapando de la tradición y la obligatoriedad de contraer matrimonio con una pariente suya. En Lima fue bienvenido por la comunidad judía y se alojó en la casa de una prima de su madre. A los pocos meses de su llegada, ante el asedio y las continuas amenazas que recibía de su padre para que retornara de inmediato a Rabat, decidió venirse a Bolivia, país mediterráneo y de difícil acceso en aquella época.

A medida que yo hablaba, el rostro de Regina fue cambiando de expresión hasta desfigurarse por completo en una mueca despectiva. El resto de la velada apenas intercambiamos palabras. Esa noche no entendí la razón de su extraño comportamiento. La supe pocos años después, cuando nos enteramos de la verdadera identidad de su esposo. Jamás fuimos amigas.

El tema central de la conversación giró alrededor de la reciente ola de secuestros y atracos ocurridos en las principales ciudades del país, causada sin lugar a dudas por el incremento del tráfico de cocaína. A Roberto le preocupaba que el precio de la droga fuera tan bajo que hasta un niño podía comprarla con el poco dinero que cargaba en sus bolsillos. El alemán dijo con tono firme una frase que me molestó: "Ustedes los bolivianos no están preparados para vivir en democracia, necesitan un gobierno de mano dura, como los que gobiernan los países vecinos". Finalizó diciendo que la presidencia del doctor Walter Guevara Arze, quien había sido designado por el Congreso dos meses antes como presidente constitucional interino, era muy débil para enfrentar los problemas que se venían.

Cuando se despidieron, le conté a mi marido acerca del extraño cambio de actitud de Regina mientras le hacía un recuento del porqué mi padre decidió venirse a Bolivia y de la cara que puso cuando le dije mi apellido de soltera. Concluí diciéndole: "Mi sexto sentido me dice que no son quienes dicen ser y no nos han contado la verdadera razón sobre su decisión de establecerse en nuestro país". Él me contestó, furioso: "Estás equivocada.

Siento decírtelo, pero es la primera vez que tu infalible intuición femenina no da en el clavo. No son malas personas. Ella es fría y un poco rara, como toda alemana, pero él tiene muy buenos contactos con los gobiernos de los países vecinos que me pueden servir de mucho en el futuro".

El primer día del mes de noviembre, el coronel Alberto Natusch Busch encabezó un violento golpe de Estado que lo catapultó al poder. Los siguientes días, la noticia atroz sobre la masacre de Todos los Santos, ocurrida en La Paz el día del golpe, nos dejó atónitos. No podíamos creer que una persona con la formación de nuestro coterráneo hubiera ordenado semejante matanza. La resistencia al golpe, liderada por la Central Obrera Boliviana (COB) en las ciudades de La Paz, Cochabamba y los centros mineros, fue tenaz durante los escasos pero tristes dieciséis días que duró el alcoholizado gobierno del coronel beniano.

Klaus Altmann visitó Santa Cruz en dos ocasiones durante los días que el militar golpista se mantuvo acuartelado y bebiendo en el Palacio de Gobierno. Por intermedio del alemán, Roberto y otros empresarios le mandaron un mensaje al presidente de facto en el que le exigían entregar de inmediato el poder a un civil y le retiraban totalmente su respaldo. Sin el apoyo del empresariado y la presión de la comunidad internacional por más de un centenar de civiles de la resistencia popular muertos y otros tantos presos y torturados, el coronel Natusch Busch le entregó la presidencia interina a la diputada Lidia Gueiler Tejada el 16 de noviembre de 1979, con lo que se convirtió en la primera y única presidenta de Bolivia.

Bajo la débil presidencia de la señora Gueiler, quien fue acosada de manera constante por el poder militar, los problemas se agudizaron y la situación se volvió aún más crítica. Los líderes de los partidos de izquierda habían salido fortalecidos después de la renuncia del coronel Alberto Natusch Busch y cada día ganaban más terreno para las siguientes elecciones presidenciales de finales de junio, sobre todo la Unidad Democrática y Popular (UDP), liderada por Hernán Siles Zuazo. Otro de los motivos de preocupación generalizada era que las más altas esferas gubernamentales, políticas y militares habían sido penetradas y corrompidas por el poder económico del creciente negocio del narcotráfico. Esto venía sucediendo de forma progresiva desde los inicios de la década del setenta, durante la dictadura del general Hugo Banzer Suárez.

En una cena que ofrecimos en los salones del hotel Los Tajibos de Santa Cruz para festejar el cumpleaños de Roberto, apenas comenzado el nuevo año, entre otras cosas Altmann comentó: "Las últimas semanas me he dedicado a viajar por todas las capitales de departamento y sus provincias realizando sondeos entre personas de los diferentes estratos de la sociedad. El resultado que arroja dicha encuesta es que los círculos sociales y políticos del país ven con muy buenos ojos la alternativa de que un gobierno militar ponga freno a las aspiraciones de los políticos de izquierda de conformar un gobierno comunista". Todos los comensales asintieron. Luego continuó: "En La Paz estamos seguros de que el general Luis García Meza es la persona indicada. Es muy respetado dentro de las filas castrenses y goza de una gran ascendencia entre los oficiales que comandan los regimientos más importantes del país".

El nombre del general en cuestión me sonó familiar. Hice memoria y recordé que años antes habíamos conocido a García Meza durante un torneo nacional de equitación que se realizó en el club Los Sargentos de la ciudad de La Paz. Al finalizar el torneo, que ganó el militar paceño, mi marido lo contrató como instructor privado de equitación de mi hijo Roby para que le diera clases en los picaderos del Country Club de la ciudad de Cochabamba.

Mis hijos heredaron de su padre el amor a las artes ecuestres. A los ocho años de edad, mi esposo ya organizaba multitudinarias cabalgatas que partían desde El Saladero, para hacer gala de sus habilidades correteando y enlazando terneros, montado en uno de sus perros gran danés llamado *Kaiser*, al que ensillaba con una de las monturas Rossi & Caruso que mi suegro había importado junto a decenas de ponis desde la Argentina.

Entre los obsequios que Roberto recibió el día de su cumpleaños, sin duda el mejor fue un pastor alemán que Altmann le trajo de regalo. El hermoso perro, llamado *Lobo,* había sido criado y entrenado por él en persona y sólo respondía a órdenes en el idioma germano. Por esa razón nos entregó una lista con todas las frases y palabras a las que el can hacía caso de inmediato. *Lobo* fue la atracción de mi casa hasta que decidimos llevarlo a San Vicente. Allí nuestros empleados le hablaban en español, causando una gran confusión en la mente del pobre animal. Al cabo de un año el perro no entendía nada. Le decíamos *sitzen* y atacaba o *angriff* y se acostaba.

Después de cenar, mi marido y Altmann conversaron un rato a solas en los jardines del hotel. Cuando regresó, me dio un beso y se disculpó con los invitados: "Perdón por mi desaparición momentánea, pero estaba atendiendo asuntos de Estado". Todos festejamos su ocurrencia. La mañana siguiente, mientras desayunábamos, aproveché para indagar con mi marido sobre la misteriosa conversación privada que mantuvo con Altmann la noche anterior. Me contó que había recibido una invitación de parte de su primo, el coronel Luis Arce Gómez, para reunirse con él y el general Luis García Meza Tejada en la ciudad de La Paz en el curso de los próximos días.

A la semana siguiente Roberto viajó a la sede de gobierno, donde mantuvo reuniones con el alto mando militar y los líderes políticos de los partidos de centro y de derecha. Acordó con ellos aunar esfuerzos con otros empresarios de su extrema confianza, en su mayoría del oriente boliviano, para financiar el golpe de Estado que comenzaba a gestarse y que demandaría nada menos que la friolera de cinco millones de dólares americanos para lograr su cometido. Comprar conciencias no es barato, no lo era ni lo será jamás. Peor aún si eran las conciencias de algunos de los comandantes de las guarniciones más importantes acantonadas en puntos estratégicos del territorio nacional, quienes no estaban convencidos de tomar el gobierno por la fuerza. Para garantizar el éxito del sedicioso plan, Roberto estaba dispuesto a pagar cualquier precio para conseguir su objetivo.

La honestidad de mi marido al contarme estos hechos no me resultó para nada extraña. Siempre mantuvimos una sincera y abierta relación respecto a todos los asuntos inherentes a nuestra familia. Me preocupaba que las cosas no salieran como él decía. De ser así, estábamos arriesgando nuestro futuro. En otras palabras, si la intentona de golpe salía mal, en el mejor de los casos acabaríamos en el exilio, como tantas otras familias bolivianas.

En el mes de febrero de 1980 viajaron a la ciudad de Buenos Aires el ex ministro de Agricultura Marcelo Ibáñez, Klaus Altmann y un agente de la CIA, de apellido Perou, para reunirse con los miembros de la Junta Militar que gobernaba la Argentina desde 1976. Su misión era lograr el apoyo de nuestros vecinos al golpe de Estado que se gestaba en Bolivia. Los emisarios cumplieron su mandato a cabalidad. La junta de comandantes, dirigida por el general Jorge Rafael Videla, dio su total respaldo al proyecto. Las alas del tenebroso Plan Cóndor se extenderían hasta nuestro país.

"La gran estafa de la cocaína boliviana"

Penthouse Magazine, septiembre de 1982

Existen dos opciones principales para viajar de Estados Unidos a Bolivia. La mayoría de los turistas contratan el paquete que los trasladará en Boeing de Miami a La Paz, en un vuelo nocturno durante el cual las siestas intermitentes se entremezclan con visiones de tianguis indígenas y barcazas de junco surcando el lago Titicaca. Pero en vista de que el único interés de Richie Fiano era conectar cerca de media tonelada de cocaína, éste prefirió evitar tanto las guías de viajero como las formalidades aeroportuarias y eligió la segunda opción: un viejo Convair de doble hélice que desde un aeródromo del sur de Florida lo trasladaría por los aires del Caribe hasta adentrarse en la Amazonía brasileña.

Ahora que la desvencijada aeronave rebotaba a lo largo de la sucia y rústica pista de un solitario rancho en lo más profundo de la selva del noreste boliviano, Richie Fiano tenía motivos de sobra para preocuparse. Él y sus tres compañeros, agentes de la DEA, se encontraban en medio de la mayor operación encubierta en la historia de la lucha antinarcóticos [...] Habían sido semanas de pacientes negociaciones con los lugartenientes de Suárez en Buenos Aires, Miami y Santa Cruz, Bolivia. Una docena de agentes, tanto hombres como mujeres, habían interpretado a conciencia sus papeles como mafiosos, financiadores de los bajos fondos, guardaespaldas, prostitutas y químicos productores de cocaína. Una lujosa casa de playa en Fort Lauderdale y limusinas fueron puestas a disposición de los mafiosos bolivianos. Les reservaron viajes a Las Vegas y a Broadway. Y el Banco de la Reserva Federal en Miami facilitó nueve millones de dólares como pago para Suárez por el primer envío de cocaína.

A lo largo de la operación habían surgido varios contratiempos (emisarios bolivianos que nunca llegaron a Miami, planes de vuelo cancelados, citas postergadas) que sembraron dudas sobre el resultado. Pero el Convair se internaba ya en una de las fortalezas de Suárez, donde la DEA no tendría el menor margen para forzar una negociación en caso de que todo resultara una trampa.

"Cuando aterrizábamos", recuerda Fiano, "estos indios bolivianos salieron disparados de sus chozas, corriendo hacia nosotros, mientras yo pensaba que nada les impediría tomarnos como rehenes y ordenar a Miami que soltaran los nueve millones. Todo ese chanchullo se estaba haciendo sin el conocimiento del gobierno boliviano. ¡Carajo! Y la Fuerza Aérea Boliviana ya nos estaba rastreando porque habíamos mentido sobre nuestro destino. ¿A quién le reclamaríamos si los que terminábamos estafados éramos nosotros?"

CAPÍTULO 3

La operación Josuani y la DEA

Las buenas nuevas que Marcelo Ibáñez le trajo a mi marido no fueron sólo ésas. Le contó también que por medio de su hermana Blanca, una ex amante de Roberto, había conocido en Buenos Aires a un miembro de la mafia norteamericana que necesitaba buenos contactos en Bolivia para comprar mil kilos de sulfato base de cocaína a nueve mil dólares americanos la unidad. Según Ibáñez, era una excelente oportunidad de negocios porque el precio del kilo de sulfato base en nuestro país rondaba por aquellos días los dos mil dólares. El gringo le había dicho muchas cosas. Lo único que por supuesto obvió decirle fue que no era un mafioso. En realidad, Michael Levine era un agente de la Drug Enforcement Administration (DEA).

Desde su regreso a Santa Cruz, Marcelo Ibáñez recibió decenas de llamadas del agente de la DEA para insistirle que viajara cuanto antes a Miami acompañado por quienes serían los dueños del negocio en Bolivia. Levine le decía que los otros miembros de su organización querían conocerlos y mostrarles sus instalaciones. Así como el agente no le contaba todo, Marcelo tampoco le dijo que continuaba gestionando la participación de Roberto y otros empresarios. Al fin, ante la negativa inicial de éstos de acompañarlo en su aventura delictiva, decidió ir solo.

Por esos días los planes de mi marido eran otros. El contrato de venta de palmito enlatado que teníamos desde el año 1977 con

41

nuestros distribuidores venezolanos, los automercados CADA, había fenecido. De manera inexplicable, Roberto estaba reacio a renovarlo. Su principal interés era negociar un nuevo contrato con una firma francesa. Para ese fin concertó una reunión con ambos grupos en la isla Margarita y me pidió que lo acompañara. En Porlamar nos reunimos con los representantes de la organización Cisneros, dueños de la cadena de automercados, para renegociar dicho contrato. Pero a pesar de la excelente relación comercial que mantuvimos con ellos durante tres años, mi marido puso todas las trabas habidas y por haber para no renovarlo. Dos días después asistimos a una invitación de la prefectura de Nueva Esparta en el Castillo Santa Rosa, en La Asunción. Allí nos esperaban nuestros anfitriones, los esposos Medina de Maiquetía. Al cabo de unos minutos se nos unió un individuo francés de apellido Bouchard, que me dio muy mala espina, acompañado por un italiano tocayo de Roberto. "Por Dios, no hay cosa más tediosa que escuchar a los hombres hablar de negocios, mejor ven conmigo, mujer, que te enseño el castillo", me dijo Irene Medina, mientras me hacía señas para que la siguiera. Accedí encantada y recorrimos el centenario monumento y sus alrededores. Cansadas, regresamos al lado de nuestras parejas para refrescarnos y disfrutar de unos exquisitos cócteles de frutas tropicales.

Durante el vuelo de regreso a casa, Roberto no podía disimular su cara de felicidad. Yo, sin embargo, no tenía la mínima intención de ocultar mi molestia por haber roto el acuerdo con nuestros distribuidores del grupo Cisneros. Le consulté quiénes eran en realidad esos dos europeos, el gordo y el calvo, que me presentó en La Asunción. Esbozó una sonrisa maliciosa al decirme: "El gordo es Reginald Bouchard, representante de la firma francesa Miroir, S. A., con sede en Marsella, que será la encargada de importar y distribuir en el país galo y Europa toda nuestra producción de palmito. El otro es Roberto Calvi, nada más ni nada menos que el presidente del Banco Ambrosiano. El calvo, como vos le decís, será el aval de ahora en adelante de esta y todas nuestras futuras operaciones comerciales en el viejo continente". Cerró la conversación sobre el tema con una frase absurda que me dejó pensando y sólo comprendería años después: "Negrita adorada, con mi tocayo de por medio tendremos el respaldo de la banca más poderosa y antigua del mundo, las oraciones del Consejo Cardenalicio del Vaticano y, ¿por qué no?, hasta la bendición del papa".

Mientras tanto, Marcelo Ibáñez continuaba por cuenta propia las negociaciones con los supuestos mafiosos en Miami. El agente Richard Fiano hizo el papel del supuesto hijo de Levine. Lo esperó en el aeropuerto y lo condujo en un flamante automóvil Lincoln Continental hasta la residencia de sus "padres", una lujosa mansión alquilada en Fort Lauderdale. Allí lo recibió Levine, acompañado por su esposa, quien por supuesto también era otra agente. Para terminar de impresionarlo, al día siguiente lo llevaron hasta una vieja barraca en el área de West Broward, donde de forma conveniente habían acondicionado un laboratorio para la refinación de cocaína.

Tras arduas negociaciones con personeros de altísimo nivel del Departamento del Tesoro, la DEA consiguió la primera autorización en la historia de la guerra contra las drogas para que el Banco de la Reserva Federal de la Florida les entregara nueve millones de dólares en efectivo, que fueron depositados en las cajas de seguridad del Kendall Bank en Miami. No era suficiente haberle mostrado al boliviano, en el supuesto laboratorio, algunos kilos de clorhidrato de cocaína de altísima pureza sacados de los depósitos de la agencia. Necesitaban demostrarle la seriedad de su oferta y la solvencia para el pago del primer envío. Si todo salía bien, supuestamente continuarían comprando cada mes mil kilos de sulfato base de cocaína.

Marcelo regresó maravillado de la Florida con la mansión, los coches alquilados y el supuesto laboratorio. Sobre todo, con los nueve millones de dólares en efectivo. Mordió el anzuelo y les creyó absolutamente todo. Los agentes de la DEA desempeñaron sus roles a la perfección. Pero lo que en realidad les dio la ventaja a los gringos fue haberle mostrado y hacerle oler el dulce aroma de noventa mil billetes verdes con la cara de Benjamin Franklin estampada en el reverso de cada uno de ellos. Ninguna agencia antidrogas del mundo podía conseguir, peor aún, manipular esos montos.

La seguridad que transmitía Ibáñez sobre las buenas intenciones de sus nuevos amigos norteamericanos convenció al fin de la seriedad del negocio al representante de la fábrica de aviones Cessna en Bolivia, Alfredo Gutiérrez. Éste se puso en contacto con los productores de pasta bruta del trópico cochabambino y convenció a Roberto para que financiara la compra de la droga por un valor aproximado al millón de dólares. Gutiérrez utilizó su propio avión para transportar la droga desde la región del Chapare hasta dos laboratorios clandestinos ubicados en el área rural de Santa Cruz. El costo para transformar la pasta bruta en sulfato base de cocaína salió también del bolsillo de Roberto. En total, mi marido invirtió cerca de dos millones de dólares. Cuando la mercancía estuvo lista, dieron luz verde para que el negocio se realizara en la tercera semana de mayo desde la hacienda Josuani, propiedad de José Alí, ubicada en los llanos orientales benianos, al norte del lago Rogaguado.

Al mediodía del 17 de mayo de 1980, mientras disfrutábamos de un almuerzo familiar en nuestra casa de la ciudad de Santa Cruz, Roberto sintió los mismos síntomas que dos años atrás, cuando sufrió su primer infarto durante un congreso ganadero en la ciudad de Trinidad. Lo trasladamos a la clínica, donde luego de ser atendido por su cardiólogo, éste me informó que habíamos salvado su vida de milagro gracias a nuestra inmediata reacción. Pero el peligro no había pasado del todo y debía permanecer internado en la unidad de terapia intensiva.

Llamé a mi hijo mayor a Texas para avisarle que su padre había sufrido un nuevo ataque al corazón. Le prometí que lo mantendría informado sobre su delicado estado, pero nunca sospeché lo que esa simple llamada ocasionaría en nuestras vidas. Al amanecer del día 19 de mayo, Roby llegó a Santa Cruz preocupado por la salud de su padre, restando importancia al perjuicio que esta vacación forzada le ocasionaría en sus estudios universitarios en Texas A&M, donde cursaba la carrera de administración de empresas y, en paralelo, el curso de piloto militar. Mi hijo vino decidido a tomar el lugar de Roberto en la administración de nuestras haciendas hasta que éste fuera dado de alta. Del aeropuerto fuimos directamente al centro médico, donde conversó a solas con su padre por más de media hora. Al salir de la clínica, Roby me dijo: "Papi quiere que me vaya al Beni mañana temprano. Faltan dosis de vacunas y debo supervisar los trabajos de vacunación en las haciendas".

A la mañana siguiente, antes de ir al aeropuerto, pasamos por la casa de su enamorada para saludarla. Ilonka era la hija menor de Yolanda Prada, mi compañera de aventuras en el colegio Irlandés de Cochabamba, y del ex presidente de la República, general Hugo Banzer Suárez. En el hangar lo esperaban nuestros empleados con un avión listo para trasladarse a Santa Ana.

La mañana del 21 de mayo, un Convair 440 con matrícula norteamericana aterrizó en la pista de mil ochocientos metros de longitud de Josuani para recoger el alijo de cocaína. En la plataforma lo esperaban los empleados y pilotos de Alfredo Gutiérrez, que habían transportado la droga desde los laboratorios cruceños en veintiséis tulas verdes, las cuales contenían cerca de cuarenta kilos de sulfato base de cocaína cada una. Richard Fiano, el agente de la DEA que fingía ser el hijo de Levine, el jefe mafioso, fue el encargado de revisar la mercancía. Al no ser éste un aeropuerto controlado por la Administración de Aeropuertos y

Servicios Auxiliares de la Navegación Aérea (AASANA), la pista de aterrizaje de la hacienda no contaba con instrumentos de radio ayuda como el ADF o el VOR. Por esa razón, desde que el avión ingresó al espacio aéreo nacional, Ibáñez tuvo que guiar a la tripulación gringa hasta su destino, auxiliado por un piloto boliviano que los esperaba volando en círculos sobre la hacienda.

Mi hijo aterrizó en Josuani cuando terminaban de cargar la droga en la aeronave. Marcelo Ibáñez fue a recibirlo y mantuvieron una airada discusión respecto al aspecto del avión que estaba a punto de despegar. Algo andaba mal. Roby despotricaba diciéndole que cómo era posible que una organización que supuestamente manejaba el mercado de la droga en la Costa Este norteamericana arriesgara el millonario cargamento al transportarlo en un aparato obsoleto, fabricado casi cuarenta años antes. Pero eso a Ibáñez y a Gutiérrez no tenía por qué importarles demasiado. Después de todo, el dinero que estaba en juego no era de ninguno de ellos.

El reclamo de mi hijo llegaría tarde. En ese momento los pilotos gringos iniciaron la operación de despegue y segundos después el avión se elevó en el aire. Roby se subió de inmediato a su avión y por medio de una radio UHF se comunicó con su padre para informarle sobre la situación. Roberto le dijo que no se preocupara. El compromiso que habían hecho los gringos con Marcelo era de entregarle los nueve millones de dólares a Alfredo Gutiérrez ni bien el Convair hubiera despegado con su carga completa. Una vez finalizada la comunicación radial, mi hijo emprendió el vuelo de regreso a la ciudad de Santa Cruz de la Sierra.

Roberto se enteró de que había caído en una trampa montada por la DEA media hora después de la partida del avión. Recibió una llamada de un empleado suyo, que fue a Miami exclusivamente para vigilar la transacción desde las afueras del Kendall Bank. Chato le contó que vio con sus propios ojos salir del banco, esposados, a Gutiérrez y a su acompañante. Mi marido, enfurecido por el engaño, llamó al Ministerio de Defensa para que mandaran dos aviones Sabre F-86 de la Fuerza Aérea Boliviana (FAB) a interceptar el Convair 440 cargado con mil kilos de cocaína, antes de que abandonara nuestro espacio aéreo. Desafortunadamente para él, los pilotos de los viejos cazas norteamericanos utilizados en la Guerra de Corea no pudieron cumplir la orden dada por el ministro. Cuando éstos llegaron al área de la frontera con Brasil, los gringos ya estaban en cielos brasileños y los pilotos bolivianos no podían hacer más nada al respecto.

De manera misteriosa, de los mil kilos de sulfato base de cocaína que se llevaron los agentes de la DEA en el Convair desde la hacienda Josuani, sólo declararon cuatrocientos treinta kilos a su arribo a la Florida. Los faltantes quinientos setenta kilos, con un valor en el mercado norteamericano de treinta millones de dólares, se esfumaron durante el vuelo de retorno o desaparecieron en una de las escalas que realizaron antes de llegar a su destino final. El pretexto que utilizaron los agentes Levine y Fiano para justificar ante sus superiores el faltante de más de media tonelada de cocaína fue absurdo. Dijeron que era demasiado peso para la vieja aeronave. Curiosamente, las autoridades norteamericanas aceptaron sin vacilar la versión de éstos, ignorantes de que la capacidad de carga de despegue a nivel del mar de un Convair 440 es superior a los cuatro mil kilos. En definitiva, no hay más ciego que el que no quiere ver.

De todas maneras éste se convirtió en el golpe más grande asestado al narcotráfico en el sur de la Florida. La DEA informó de manera oficial que esa operación estuvo a cargo del agente Michael Levine, con base en Buenos Aires. En los años posteriores éste escribió una sarta de mentiras en un par de libros que publicó mencionando a Roberto, a quien no tuvo el gusto de conocer. De esta manera el desconocido Levine usufructuó comercial y económicamente el nombre de mi marido. Para darle más espectacularidad a sus elucubraciones, se inventó que había sido condenado a muerte por los narcotraficantes bolivianos, quienes, según él, habían puesto precio a su cabeza.

Roberto fue dado de alta y abandonó la clínica totalmente restablecido en los primeros días del mes de junio. Perder dos millones de dólares en un abrir y cerrar de ojos no es tarea fácil de ocultar para nadie. Aunque yo desconocía el fin que habían tenido esos dineros, mi desconfianza se acrecentaba a medida que pasaban los días. La operación encubierta de la DEA, que causó las detenciones de Alfredo Gutiérrez y de su acompañante en Miami, fue ampliamente divulgada por la prensa nacional e internacional. Estos hechos cambiaron nuestras vidas de modo abrupto. Nuestra relación de pareja comenzó a desgastarse y nunca más volvimos a tener paz. Las noticias que llegaban del exterior nombraban a mi marido el Barón de la Droga, además de atribuir el origen de nuestra riqueza, acumulada tras veintidós años de trabajo honesto, al ilícito tráfico de cocaína.

Los recuerdos del inicio de nuestro noviazgo, durante un viaje que realicé pasadas las navidades del año 1955 en compañía de mi familia a la Argentina, invadirían de repente mi mente sin pedir permiso. A mi llegada a Buenos Aires, lo primero que hice fue llamar a Roberto al hotel Claridge, donde la firma de su padre mantenía una *suite* durante todo el año. Lo saludé y le transmití la invitación de mis padres a cenar la noche siguiente. Durante la cena que ellos dispusieron con el *maître* del Alvear Palace, lujoso hotel de la zona de Recoleta, nos puso al tanto sobre los cambios radicales que la Revolución Libertadora, liderada por el gobierno de facto del general Aramburu, estaba realizando en ese país después del derrocamiento de Perón. También nos contó sobre su reciente enemistad con Napoleón Solares Arias, yerno del Rey de la Goma, de quien dijo: "Ese sinvergüenza está aprovechando su designación como albacea de los descendientes directos de mi tío bisabuelo Nicolás y está dilapidando la fortuna de éstos a manos llenas". Mientras nos despedíamos, le pedí al oído que nos acompañara a Punta del Este para festejar juntos su cumpleaños.

Ante la sorpresa de mis padres, el sábado en la mañana nos encontramos en el puerto de Buenos Aires, minutos antes de zarpar. No pude disimular mi felicidad al verlo llegar, ni pude pasar por alto el destello de preocupación en la mirada de mi padre durante la travesía por el Río de la Plata hasta llegar al puerto de Montevideo. Al día siguiente nos trasladamos a Punta del Este. Era el 8 de enero de 1956, día del vigésimo cuarto cumpleaños de Roberto. Nos alojamos en el hotel Casino Nogaró, que por coincidencias de la vida esa misma fecha celebraba su aniversario y los dueños ofrecían esa noche una fiesta en el casino.

Asistimos al festejo con nuestras mejores galas. Él estaba elegantísimo, en traje de etiqueta y desbordante de alegría. El sonido clásico de los destapes de las botellas de Moët & Chandon se podía escuchar en todo el salón, sobre todo en la mesa de bacará, donde Roberto apostaba de una manera impulsiva y temeraria fuertes sumas de dinero. Pasada la medianoche, después de probar suerte en la ruleta, mis padres se fueron a su habitación. Me costó mucho convencer a Roberto para que se retirara de la mesa de juego ganando un buen monto, pero al final me dio el gusto. Luego de bailar un rato, decidimos caminar hasta la playa para dar un paseo en compañía de mis hermanas y un grupo de amigos. En cuanto pudimos separarnos del resto, él me besó de la misma manera como tantas veces lo había soñado. Amparados bajo la penumbra de la tenue luz de la luna, nos confundimos en un abrazo interminable hasta que los gritos de mi hermana Mercedes, buscándome, rompieron el encanto y tuvimos que regresar al hotel.

A la mañana siguiente nos reunimos en la playa. Al contemplar cómo el azul infinito del cielo se fusionaba con el océano en el horizonte, me vino a la memoria la primera vez que conocí el mar durante el carnaval de Río de Janeiro, cuando aún era adolescente. Recordé cómo, en esa ocasión, un sentimiento de angustia e incredulidad se apoderó de mí ante la inmensidad del océano Atlántico. Volví a llorar de impotencia, mientras mi rencor hacia los gobernantes chilenos crecía por no habernos permitido disfrutar de nuestro maravilloso litoral con el que nacimos a la vida republicana, condenándonos al subdesarrollo y obligando a mi pueblo a vivir enclaustrado desde la traicionera guerra del Pacífico.

Nunca olvidaré mi primer día de noviazgo en playa Mansa. En el momento que pisé la arena mojada y me disponía a nadar, Roberto hizo salpicar a mi boca unas gotas de agua salada que se confundieron con la amargura de mis lágrimas. Era una premonición de lo que me deparaba el destino al lado del amor de mi vida. El primero de los sinsabores que tendría que vivir junto al hombre que amaba con locura.

"Un Robin Hood a su estilo"

Time, 25 de febrero de 1985

Es el hombre más buscado por las fuerzas antidrogas de Bolivia, pero también, para algunos de sus compatriotas, Roberto Suárez Gómez, de cincuenta y tres años de edad, también conocido como el Rey de la Cocaína, es un héroe popular que se presenta a sí mismo como un moderno Robin Hood para un pueblo boliviano desairado durante años por la corrupción oficial. En el libro *Bolivia: coca cocaína*, sus autores, Amado Canelas Orellana y Juan Carlos Canelas Zannier, afirman que la popularidad de Suárez aumentó debido a que sus riquezas se originaron "en la depravación de los yanquis (el abuso de drogas en Estados Unidos) en vez de saquear las arcas del Estado".

En efecto, Suárez es considerado como un gran benefactor. Ganadero adinerado con vastas propiedades en la región del Beni, se dice que ha cubierto los costos escolares de toda la zona y que de manera regular financia la educación técnica o universitaria en el extranjero para los jóvenes. No es de extrañar, por lo tanto, que cuando Suárez tuvo apendicitis, dos años atrás, se haya escurrido para atenderla en el hospital en Santa Cruz (con una población de trescientos setenta y seis mil habitantes), su ciudad natal en el oriente boliviano. "Las autoridades lo estaban buscando", explica uno de sus amigos, "pero el pueblo entero conspiró para protegerlo".

La DEA considera que fue a mediados de la década de 1970 cuando Suárez se dio cuenta de las fabulosas ganancias que podría obtener con la coca. Piloto experimentado, con una flota de aviones para transportar carne desde sus aislados ranchos, tenía las condiciones —y así comenzó la historia— para convertirse en un intermediario de largo alcance entre los productores de coca bolivianos y los compradores colombianos, al transportar las hojas de coca a las plantas procesadoras.

Hacia la década de 1980 reportes de la DEA estimaban que las operaciones de coca le generaban a Suárez cuatrocientos millones de dólares anuales [...]

En septiembre pasado, la Corte Superior de Justicia de La Paz lo sentenció, en ausencia, a quince años de prisión por cargos relacionados con el narcotráfico. Pero atraparlo no es tarea fácil. A principios de ese año Suárez envió una pequeña flota de aviones privados, tanto dentro como fuera de Bolivia, para trasladar a doscientos cincuenta invitados a la boda de su hija Heidy. Mientras los convidados, algunos de ellos funcionarios bolivianos, bailaban toda la noche con la música de una orquesta llevada vía aérea para la ocasión, los agentes antidrogas buscaban a Suárez. Ellos no habían sido invitados.

CAPÍTULO 4

El gobierno de la cocaína

El 17 de julio de 1980, al amanecer, desperté en la alcoba de mi casa de Santa Cruz sobresaltada por el ruido del motor de un helicóptero y disparos de armas de fuego que se escuchaban a la distancia. En ese momento escuché que un radio de transistores transmitía las notas musicales de la marcha *Talacocha,* signo inequívoco de que el país había despertado con un nuevo golpe de Estado en nuestra corta historia republicana. La revolución había estallado esa madrugada con el levantamiento en armas de la guarnición acantonada en la ciudad de Trinidad, capital del departamento del Beni. En seguida me di cuenta de que la iniciativa del general García Meza y del coronel Arce Gómez, con la intermediación y apoyo logístico de Altmann y la ayuda económica de Roberto y otros empresarios cruceños, se estaba llevando a cabo tal cual había sido planificada durante los últimos siete meses. Iban a impedir a toda costa la toma de posesión de Siles Zuazo, programada para el siguiente 6 de agosto de 1980. El líder de la UDP había ganado la elección presidencial en las urnas junto a su compañero de fórmula Jaime Paz Zamora, líder del Movimiento de Izquierda Revolucionario (MIR), quien salvó su vida de milagro al ser el único sobreviviente de un extraño accidente aéreo en el cual sufrió graves quemaduras un mes antes de los comicios, realizados a fines de junio.

A medida que pasaban las primeras horas de la mañana, el apoyo al golpe se fue generalizando, aunque todavía se libraban sangrientos combates en el resto de las ciudades del territorio nacional. En especial en La Paz, desde donde se informaba que el ejército tenía acorralados en el edificio de la COB a los dirigentes de los partidos de izquierda y los líderes del Partido Socialista. Otro boletín de prensa decía que la señora Lidia Gueiler Tejada, presidenta constitucional interina de la República, había recibido un ultimátum de parte de los golpistas para entregar de inmediato el mando de la nación a su primo, el comandante del ejército, general Luis García Meza Tejada. Antes del mediodía se confirmó el éxito del golpe. Una junta militar tomó juramento y dio posesión a García Meza como presidente.

El régimen que instauró el gobierno de facto fue de terror. Las noticias acerca de la desaparición de Marcelo Quiroga Santa Cruz y la persecución, encarcelamiento y tortura de centenares de dirigentes políticos de izquierda eran de nunca acabar. El coronel Luis Arce Gómez, ministro del Interior de la nueva dictadura, dijo en su célebre y macabro discurso de posesión que los opositores a su gobierno y los comunistas "deben andar con el testamento bajo el brazo". Sus palabras hicieron temblar todos los estamentos de la sociedad boliviana. Fue el inicio de la "era del miedo".

Para alejarme de la incómoda situación en que de manera incomprensible nos había colocado Roberto al aceptar colaborar con la flamante narcodictadura, decidí acompañar a mi hija a las Filipinas. Heidy fue elegida Miss Bolivia para representar al país en el concurso Miss Young International, que debía llevarse a cabo en Manila el 17 de agosto de ese año y en el que ganó el título de Miss Talento.

En el exótico archipiélago, durante los días previos al evento, tuve el tiempo y la tranquilidad necesarios para analizar los pormenores de los últimos acontecimientos ocurridos en Bolivia y pude aclarar mis ideas. Sentía la imperiosa necesidad de agarrar el toro por las astas y retornar a casa de inmediato para poner freno al desquiciado plan en que se había embarcado Roberto.

Como parte de los premios que recibió mi hija, embajadora de la belleza boliviana, fuimos invitadas por la organización del concurso a conocer la ciudad de Tokio. Originalmente el certamen se realizaba en la ordenada y moderna capital nipona. La invitación incluía, además, las ciudades de Hong Kong, Taipéi y Bangkok, donde fuimos tratadas con rango diplomático. Luego, gracias a la amistad nacida entre nuestras hijas, decidí aceptar la invitación de los padres de Miss India para conocer Nueva Delhi. De esa increíble ciudad, mezcla de culturas, religiones y tradiciones, partimos por cuenta propia hacia Sídney, con una breve escala en la antigua colonia inglesa de Singapur, donde disfrutamos un par de días de esa maravillosa isla, ciudad y país. En Australia nos esperaban mis queridos compadres Carol Sabag y su esposa Consuelo Rodríguez, quienes habían emigrado desde Santa Ana a esas lejanas tierras diez años antes y no veíamos desde entonces.

Junto a ellos y sus hijos, quienes fueron nuestros guías turísticos durante la semana que estuvimos en Sídney, visitamos y recorrimos los exuberantes Jardines Botánicos Reales, asistimos a una función de gala en la Opera House e incluso aprovechamos para tomarnos fotografías abrazando a los koalas en el Taronga Park Zoo. La necesidad que tenía de compartir con alguien de extrema confianza los problemas que habíamos tenido recientemente en Bolivia hizo que invitara a Consuelo a conocer Nueva Zelanda. Nuestra corta estadía en Auckland sirvió para ponernos al día sobre nuestras vidas y contarle mis penas y preocupaciones. Después de escuchar sus consejos, por primera vez desde mi partida de Santa Cruz me sentí reconfortada. Sintiendo un gran alivio en el alma, emprendí junto a mi hija el viaje de retorno.

La sensación de paz infinita que me dio la gira por Asia y Oceanía se esfumaría de forma gradual a medida que pasaban los días, luego de mi llegada a Bolivia. En todas las reuniones sociales se comentaba que Roberto había tomado el control total de la producción y comercialización de la cocaína a nivel nacional. Decían que había logrado elevar y mantener el precio de venta a los narcotraficantes colombianos del sulfato base hasta nueve mil dólares americanos por kilogramo, con lo que el narcotráfico dejaba, por primera vez en la historia, millonarias ganancias a los bolivianos. Lo extraño de todo esto era que nadie lo reprochaba ni criticaba. Al contrario, la admiración, el cariño y el respeto que la gente sentía por él crecían con desmesura y hasta nuestros familiares y amigos lo aplaudían. Lo más doloroso para mí y mis hijos eran los comentarios sobre las relaciones amorosas que mantenía mi esposo con incontables amantes, en su mayoría reinas de belleza y jóvenes mujeres ligadas a la farándula.

Los recuerdos martillaron mi cabeza. Recordé el oprobio que sentía por la oposición de mi padre a nuestro amor. La única vez que discutí seriamente con él fue en Cochabamba, a nuestro regreso del Uruguay, en el año 1956. Ese día me pidió prudencia y sugirió que restara entusiasmo e importancia al cuento de hadas que había vivido durante mis vacaciones de verano en Punta del Este. No podía concebir que mi relación con el hijo de su socio y mejor amigo no fuese de su agrado. Me dijo: "Muchos darían todo lo que tienen por un hijo o un hermano como Roberto, pero no como yerno o marido. Es un mujeriego empedernido". Mi madre no pensaba lo mismo y, metiéndose en la discusión, le respondió: "El amor es un sentimiento tan noble que es capaz de cambiar la naturaleza del hombre. Vos, por ejemplo, cambiaste hasta de religión para casarte conmigo".

Por algún motivo que el destino me tenía reservado y que no termino de descifrar hasta el día de hoy, a la edad de veintitrés años tomé la decisión más importante de mi vida en un instante. Los últimos años había esquivado propuestas matrimoniales de cotizados pretendientes sin siquiera pensarlo dos veces, pero a todo le llega la hora. La mañana del 11 de abril de 1958 llamé a mis padres desde la ciudad de La Paz para comunicarles mi decisión y recibir sus bendiciones. Esa misma tarde nos casamos en una ceremonia íntima en la iglesia de los Reverendos Padres Carmelitas. En la noche ofrecimos una recepción privada en la casa de la querida familia Valdivieso, a la cual invitamos a algunos familiares y a nuestros amigos más cercanos. Cuán equivocadas estábamos mi adorada madre y yo al creer que el amor podía cambiar la naturaleza de todos los hombres. Desafortunadamente, los años le darían la razón a mi padre.

Sobre mojado, llovido. La sorpresiva visita de Esteban, hijo de un criado de mi padre, me puso los pelos de punta. Por orden de Roberto, antes de mi viaje a las Filipinas éste se había trasladado hasta la pequeña población de Rurrenabaque, en la provincia Ballivián, para supervisar un nuevo proyecto agropecuario que mi esposo realizaba en sociedad con gente del gobierno para supuestamente surtir de carne vacuna a la Corporación Minera de Bolivia (Comibol).

Las pocas dudas que tenía acerca del papel que desempeñaba Roberto en la abstracta pero poderosa estructura gubernamental se fueron disipando a medida que, de la boca temblorosa de nuestro empleado, las palabras fluían a borbotones con tono asustadizo. Cada sílaba me golpeaba el pecho y me quitaba la respiración. A ratos hacía esfuerzos para entender el acento de Esteban, mezcla de dialecto movima y español, cuando me contaba sobre un descomunal número de aeronaves de gran tamaño que aterrizaban en la pista de una de las propiedades. Los uniformados que llegaban en los aviones y algunos civiles con acento extranjero se marchaban de inmediato en embarcaciones de la fuerza naval. Eran los encargados de transportar la pesada carga, que consistía en centenares de turriles metálicos, bidones plásticos y maquinaria por el río Tuichi hasta un campamento ubicado en las colindancias del Parque Nacional Madidi, una de las mayores reservas mundiales de biodiversidad, donde en menos de lo que canta un gallo construyeron una larga pista de aterrizaje. Al despedirse, me entregó una nota escrita por el mayor de sus hijos donde pude leer con claridad las matrículas de los aviones: FAB (Fuerza Aérea Boliviana), EB (Ejército Boliviano), TAM (Transportes Aéreos Militares), CP (Bolivia), PT (Brasil) y HK (Colombia).

Lo primero que hice cuando Roberto llegó a la casa fue consultarle acerca de esos vuelos. Me dijo que una parte los hacían nuestros aviones y el resto eran aeronaves de las diferentes fuerzas del Estado que su socio y pariente, el ministro del Interior coronel Luis Arce Gómez, a nombre del gobierno, puso a disposición de la empresa para transportar combustible para los tractores y maquinaria agrícola, que estaban haciendo trabajo de desmonte y sembrando pasto en el proyecto que se encontraba en pleno desarrollo en la provincia Ballivián. Al comentarle mi extrañeza acerca de las matrículas extranjeras de algunos de los aviones que utilizaban una de nuestras pistas de aterrizaje, y mostrarle el papel que me entregó Esteban, lanzó una carcajada y exclamó: "La persona que te dio esa información no sabe dónde está parada. No entiende absolutamente nada sobre códigos y nomenclatura aeronáutica". Pasadas las fiestas de fin de año mi matrimonio estaba completamente en crisis. Una desconfianza exagerada comenzó a aflorar desde lo más hondo de mi ser a raíz de los constantes viajes que realizaba mi esposo dentro y fuera del país. Algo me decía que no me estaba contando toda la verdad.

El 8 de enero de 1981 mis hijos organizaron un gran banquete en nuestra casa de la ciudad de Santa Cruz para celebrar el cumpleaños número cuarenta y nueve de su padre. Entre los invitados llegados del exterior me llamó muy fuerte la atención la presencia de un par de jóvenes de nacionalidad colombiana, quizá porque no estaban vestidos para la ocasión. Roberto me los presentó como sus socios en el proyecto agropecuario que estaba desarrollando junto al gobierno en la provincia Ballivián. La extraña pareja apenas pasaba los treinta años de edad. Sus nombres eran Pablo Escobar Gaviria y Gonzalo Rodríguez Gacha. El Dúo Dinámico: Pelícano y Mexicano, como los llamaba mi esposo.

Ambos eran de mirada escurridiza. El primero era de estatura media, robusto, tez blanca y bigotes. El otro era de menor altura, moreno y regordete. Este último, quien llamaba de "tío Roberto" a mi esposo, era de pocas palabras. Tuve que leer sus labios durante el breve diálogo que mantuvimos para tratar de adivinar lo que me decía, debido a su marcado y cerrado acento. Escobar, en cambio, era dicharachero. Se deshizo en halagos dirigidos a su anfitrión, a mi persona y a mis hijos.

Mientras conversábamos, Roby ordenó a los empleados que encadenaran a un árbol una pareja de tigres que teníamos en el jardín para evitar cualquier susto o accidente con alguno de los invitados. Al verlos, Escobar estalló de alegría y dijo: "Ave María, don Roberto. No me voy sin que me regale un par de esos gaticos. Van a ser el adorno de Nápoles". Luego, dirigiéndose a mí, prosiguió: "Distinguida señora, ojalá que en un futuro no muy lejano decida acompañar a su esposo a mi tierra. Será un honor recibirla y atenderla en mi casa como usted se merece". Agradecí su invitación por pura gentileza, consciente de que jamás él ni ningún otro de su especie tendría tal honor. Hice esfuerzos para encontrar alguna razón que me ayudase a entender la presencia de estos individuos en mi casa y, peor aún, que fueran socios de Roberto, con quien no tenían nada en común.

Durante el almuerzo, la mayor parte del tiempo el "dúo" se mantuvo callado y alejado del resto de la gente. Observaban atentamente de pies a cabeza a los otros invitados, quienes, además de nuestros familiares, eran dignatarios de Estado, miembros del cuerpo diplomático, empresarios y representantes de las familias tradicionales del país. Sólo noté su entusiasmo cuando un grupo de mariachis ingresó entonando las melodiosas notas de *El Rey*, un tema ranchero que se había puesto muy de moda en los últimos meses y no había festejo ni celebración en la cual no se escuchase. Los colombianos fueron los primeros en irse ni bien terminaron de comer. Cuando se despidieron, recordé el viejo refrán que siempre repetía mi madre cuando mis hermanas querían acortar las largas sobremesas de tertulias familiares: "Indio comido, indio ido". Noté que, antes de partir, se acercaron al coronel Luis Arce Gómez, con quien conversaron por algunos minutos. En seguida, el propio ministro del Interior los acompañó hasta la entrada principal de mi casa y ordenó a su edecán que los llevara al aeropuerto en una unidad oficial del ejército de su uso personal.

Los últimos comensales se marcharon con algunas copas de más al caer el sol. Lo primero que hice al quedar a solas con Roberto fue cuestionarlo sobre qué tipo de relación comercial podía tener un respetable hombre de negocios como él, hijo del patrón de Santa Ana y Rey del Ganado, sobrino nieto del amigo de los reyes de Inglaterra y España, bisnieto del fundador de la Casa Suárez y Rey de la Quinina y sobrino bisnieto del Rey de la Goma, con ese par de bandidos. Su respuesta me dejó muda: "La participación de ese par de bandidos, como vos los llamás, es fundamental para sacar al país de la pobreza". Ante la contundencia de sus palabras y el tono de su voz, no tuve más remedio que morderme los labios y quedarme callada para no estropear con una discusión sin comienzo ni final tan bonita noche y lo que quedaba de ella.

"Narco pactó con golpista boliviano"

El Nuevo Herald, 1° de noviembre de 1998

La Paz.— El ex dictador Luis García Meza, que gobernó Bolivia entre julio de 1980 y agosto de 1981, pactó con Roberto Suárez Gómez, entonces llamado el Rey de la Cocaína, para sacar a Bolivia de la pobreza extrema, dijo el sábado el diario católico *Presencia*.

Se basa en un libro escrito por Suárez Gómez desde la cárcel en que está confinado desde hace diez años. Anota allí que los cabecillas de la dictadura militar, encabezados por García Meza y su ministro del Interior, Luis Arce Gómez, le propusieron elaborar un plan a base de la producción y venta de cocaína, para financiar programas estatales.

Dice que fue "inducido a traficar cocaína no solamente por el gobierno de García Meza, sino por la Agencia de Lucha Antinarcóticos (DEA) y por la Central de Inteligencia (CIA) de Estados Unidos".

Sostiene que los militares que gobernaban Bolivia le dijeron que no debía espantarle la idea de delinquir "porque era por una buena causa, que era la de promover el desarrollo y sacar a Bolivia de la pobreza".

Revela que García Meza y su dictadura pusieron a su servicio para darle cobertura a un grupo de mercenarios extranjeros, principalmente alemanes, austriacos e italianos, al mando del criminal de guerra nazi Klaus Barbie, que había logrado la residencia en Bolivia con el nombre de Klaus Altmann y actuaba como asesor de las dictaduras militares.

Suárez Gómez dice también que, en 1980, Estados Unidos envió a Bolivia como embajador a Edwin Corr, que "era un polizonte norteamericano que llegó junto a un centenar de agentes de la DEA". Éstos fueron los que desarticularon la operación y promovieron el derrocamiento de García Meza por otro grupo de militares autodenominados institucionalistas.

En la actualidad García Meza cumple una condena de treinta años de reclusión sin derecho a indulto en la cárcel Chonchocoro, mientras que el que fue su ministro del Interior, Luis Arce Gómez, está encarcelado en Estados Unidos por narcotráfico.

CAPÍTULO 5

La traición del general

En todas las negociaciones que hizo Roberto con García Meza y sus secuaces, fue vehemente en su oposición a la violencia. Exigió antes, durante y después del golpe que no se derramase sangre de ser humano alguno. Ya antes les había manifestado su contrariedad y malestar por el inútil asesinato de Marcelo Quiroga Santa Cruz, fundador y líder del Partido Socialista, ocurrido el 17 de julio, día del golpe de Estado, en los locales de la Central Obrera Boliviana (COB). Mi marido conoció a Quiroga Santa Cruz cuando éste estuvo confinado en el Alto Madidi durante el gobierno del general René Barrientos Ortuño, a mediados de la década del sesenta.

La gota que rebalsó el vaso fue el asesinato de ocho líderes del MIR en un operativo realizado el 15 de enero por el Servicio Especial de Seguridad (SES), organismo dependiente del Ministerio del Interior. Este tenebroso hecho forma parte de la historia negra de Bolivia y es conocido como la masacre de la calle Harrington. Esas muertes, sumadas a los quinientos asesinatos y desapariciones de ciudadanos contrarios al régimen en el corto periodo de seis meses, y los más de cuatro mil detenidos políticos, vejados y torturados, obligaron a Roberto, por principios éticos y morales, a romper de manera unilateral el pacto y su sociedad con el gobierno.

No pasó una semana cuando Klaus Altmann apareció en mi casa sin previo aviso. Lo invité a pasar a una sala privada, contigua al escritorio, para que se sirviera una taza de té mientras esperábamos que Roberto terminara una llamada telefónica de larga distancia que había recibido y lo mantenía ocupado hacía varios minutos. El rostro desencajado y sudoroso del alemán me hizo presentir que era portador de malas noticias. Aproveché su vulnerabilidad circunstancial para decirle que gracias a su intermediación entre mi marido y los militares que gobernaban el país, el nombre de mi familia estaba por los suelos y en boca de medio mundo.

La respuesta que obtuve se me quedó grabada en la memoria hasta nuestros días: "Señora, he venido a ponerlos sobre aviso para que tomen todas las precauciones necesarias, porque el omnipotente Departamento de Estado norteamericano está ejerciendo una presión tremenda sobre nuestro gobierno para que haga pública una lista elaborada por la DEA, en la cual Roberto aparece de número uno, seguido por Roby". Mis oídos no podían dar crédito a lo que escuchaban. Pero la cosa no terminaba ahí, era aún peor.

Me miró, consternado, y prosiguió: "Los gringos han emitido una orden de arresto internacional en contra de ellos, que las autoridades nacionales deben cumplir procediendo a su inmediata detención y posterior extradición a los Estados Unidos de América". Me comentó que, aparte de la boca de Marcelo Ibáñez, lo más perjudicial para Roberto habían sido los informes que tenía la DEA. Casi todos los narcotraficantes que eran arrestados en el país declaraban que trabajaban para él. Ingenuos, creían que de esa manera obtendrían favores especiales de parte de los agentes de la lucha antidrogas, porque era vox pópuli que todos ellos, incluyendo a los de la DEA, eran asalariados de mi marido. Además, me aconsejó que tratara de sacar a mis hijos fuera del país. Llegado el momento, cualquiera de ellos podría ser secuestrado por orden de García Meza para obligar a mi marido a entregarse a la justicia.

Roberto apareció de pronto y con una mirada fulminante hizo callar a Altmann. Le ordenó regresar de inmediato a La Paz para que se entrevistara con el presidente y le recordara los compromisos que había asumido con él antes del golpe de Estado. Si no los cumplía, podría desatarse una guerra que acarrearía consecuencias fatales para todos los bolivianos. El mismo mensaje llevó el alemán para Arce Gómez y otros ministros.

Esa misma noche llamó Altmann desde el Palacio de Gobierno para informarle a mi marido que García Meza le mandaba decir que él no recibía órdenes ni amenazas de nadie. Si, llegado el momento, la presión norteamericana lo obligaba a tomar la determinación de hacer pública la lista elaborada por la DEA, no tendría más remedio que hacerlo. De lo contrario, estaría poniendo en peligro su propio pellejo. Sobre Arce Gómez le dijo que su cargo como ministro del Interior pendía de un hilo. El gobierno de Ronald Reagan estaba presionando al dictador boliviano para que lo destituyera.

Las siguientes semanas fueron una pesadilla. Discutía con Roberto por todo y por nada. Pero la vida siguió su curso, sin importarle nuestras vicisitudes. La tarde del 26 de febrero, mientras ultimaba los detalles para la presentación de mi hija en el corso del carnaval como reina de uno de los grupos más representativos de la sociedad cruceña, la comparsa Mequetrefes, el presidente en persona dio a conocer la temida lista en un programa de radio que se difundió a nivel nacional. En efecto, la encabezaba mi marido, seguido por mi hijo, los esposos Atalá, Alfredo Gutiérrez, los hermanos Chávez y muchos otros. Además, García Meza informó de la destitución del coronel Luis Arce Gómez de su cargo como ministro del Interior por sus nexos con el narcotráfico.

Lo primero que hice cuando el comunicado acabó fue tratar de comunicarme con mi hijo. Llamé a mi casa, pero no tuve suerte. Supuse que estaba con su enamorada y mandé al chofer a casa de Ilonka, con la orden de traerlo a mi presencia de inmediato. Roby llegó al *atelier* de costura y me pidió conversar en privado. Sacando fuerzas de flaqueza, me dijo: "Madre mía, no se preocupe por lo que escuchó en la radio. Hace media hora me reuní con mi padre. No va a pasar nada". Pensé que la inocencia de sus veintidós años, o tal vez su enorme deseo por infundirme tranquilidad, lo hacían hablar así.

Me contó que Roberto sabía de antemano que García Meza, obligado por las circunstancias, daría a conocer la mentada lista esa tarde. Al mediodía su padre había recibido un mensaje del presidente donde le aconsejaba ponerse a buen recaudo y le pedía no tomar represalias en su contra. Además, le garantizaba la seguridad de toda su familia. Al escuchar el relato de mi hijo, deduje que lo que el dictador estaba haciendo al mandarle ese mensaje era ganar tiempo y cubrir sus propias espaldas. Por ningún motivo le convenía que mi marido fuera detenido y extraditado. Si eso llegaba a ocurrir, significaría con toda seguridad el boleto del general para compartir con Roberto la misma celda de alguna prisión federal estadounidense.

La ciudad y sus habitantes se sumergieron, desbordantes de alegría, en las carnestolendas, como es habitual durante las fiestas del dios Momo. En mi hogar las cosas eran diferentes. La suma de acontecimientos que afectaban de manera negativa el buen nombre de nuestra familia me obligaron a decidir cortar de raíz todo vínculo con lo ilícito. Decidí separarme en definitiva de Roberto e inicié los pasos legales para hacerlo. De mutuo acuerdo decidimos poner a nombre de nuestros cuatro hijos todas las haciendas, inmuebles y demás bienes que habíamos adquirido de forma lícita en Bolivia y en el exterior durante los casi veintitrés años de nuestro matrimonio. Le dije que a partir de ese momento yo no quería tener nada que ver con él y sus negocios, para no poner en riesgo las vidas ni el patrimonio de nuestros hijos. Le exigí que todos los bienes que él había adquirido a partir del mes de enero del año 1980 quedaran a nombre suyo o de sus testaferros, a su entera disposición. Me pidió dejar las cosas como estaban y darle un plazo perentorio para limpiar su nombre y el de nuestra familia, pero no di el brazo a torcer. Con el dolor de mi alma y lágrimas en los ojos, le pedí al único hombre que amé en mi vida que se marchara.

Años después, durante la fiesta de bautizo de uno de nuestros nietos, Roberto me dijo en la ciudad de Cochabamba: "La ganancia que iba a generar la operación Josuani era mayor a la cantidad de dinero que necesitábamos para financiar el golpe de Estado de julio de 1980 sin invertir un solo centavo de nuestros bolsillos". De los nueve millones, dos habrían cubierto la inversión, cinco habrían sido destinados al golpe, un millón deberían repartirse Gutiérrez e Ibáñez en partes iguales y el millón restante hubiera sido para pagar el porcentaje bancario de la transferencia ilegal de esos fondos. Luego me miró con fijeza a los ojos y continuó su escalofriante relato: "Cuando regresé de La Paz después de mi primera reunión con García Meza y Arce Gómez, no te conté toda la verdad sobre la propuesta que me hicieron".

Adoptando una seriedad que pocas veces había visto en él, me contó que la razón por la que fue invitado a formar parte de esa estructura de poder fue por el liderazgo empresarial que ostentaba a lo largo y ancho del país. Liderazgo ganado a puro pulmón, debido a su capacidad de trabajo, gracias a la centenaria tradición familiar de grandes exportadores. Esas cualidades, sumadas al respeto, que a veces rayaba en idolatría y que recibía de parte de quienes lo conocían, sobre todo de los habitantes de las tierras bajas del oriente boliviano, además de sus vastos conocimientos de la geografía nacional, lo convertían en la persona indicada para liderar el proyecto gubernamental.

De forma pausada me explicó que, de la misma manera que algunos países tenían inmensas reservas petroleras y auríferas, a nosotros nos había tocado la coca en la repartición. Me repitió una y mil veces que si la planta de coca crecía sólo en dos pequeñas áreas subtropicales de nuestro extenso territorio, la región de Yungas, ubicada en el departamento de La Paz, y la del Chapare, ubicada en el departamento de Cochabamba, era porque habíamos sido bendecidos por la gracia de Dios. Sin embargo, los bolivianos hacíamos caso omiso a los milagros divinos y no sabíamos sacar provecho de las pocas oportunidades que se nos presentaban, y para variar eran los extranjeros los que siempre terminaban beneficiándose de nuestras materias primas, al darles incluso valor agregado.

Su argumento principal fue que, al ser Bolivia un país monoproductor minero, ante la caída del precio del estaño en los mercados internacionales la coca era el único recurso estratégico renovable que le quedaba al gobierno para sacar al país del subdesarrollo y saciar el hambre del pueblo. Estaba completamente seguro de que podíamos pagar en treinta y seis meses la deuda externa del país, que por esos años ascendía a tres mil millones de dólares americanos. Finalmente, para tratar de convencerme, me dijo: "Los gringos siempre manejan un doble discurso y tienen una falsa moral. Te doy sólo dos ejemplos para comprobar la veracidad de lo que te estoy diciendo: los cigarrillos que fabrica la tabacalera Philip Morris y las armas que fabrica Smith & Wesson, que se venden sin ningún control en los Estados Unidos, matan anualmente a más gente que la cocaína".

"Peleando las guerras de la cocaína"

Time, 25 de febrero de 1985

El peligro es auténtico. En 1980 el general Luis García Meza tomó el control de Bolivia en el que fue llamado el Golpe de la Cocaína. Una de sus primeras acciones consistió en liberar de la cárcel a mafiosos de la droga. Destruyó los registros policiales de traficantes de cocaína y tomó represalias contra aquel que desafiara sus políticas. Su ejército, entretanto, se embolsaba millones de dólares en sobornos de los narcotraficantes. Desesperados, los agentes antidrogas estadounidenses cerraron sus oficinas. Tan pronto como Siles [Zuazo] devolvió la democracia, en 1982, se reanudó la guerra contra las drogas. La DEA reabrió su sede y el presidente Reagan nombró embajador a [Edwin] Corr, un antiguo asistente del secretario de Estado en asuntos de narcotráfico internacional. Diez meses después de asumir la presidencia, Siles firmó un acuerdo bilateral con Estados Unidos por cinco años y ochenta y ocho millones de dólares para combatir la cocaína. Pero siguió siendo una tarea ardua. "El simple hecho de que estén comenzando a perseguir a los traficantes ya es un estímulo", declaró el doctor Carlton Turner, asistente especial del presidente Reagan para políticas relacionadas con el abuso de drogas. "Pero tengo mis dudas de que sea posible erradicar la corrupción en el sistema boliviano."

De hecho, la campaña antinarcóticos en Bolivia ha sido irregular. En agosto pasado Siles ordenó a mil doscientos elementos de sus tropas destruir los sembradíos de hoja de coca en la región de Chapare, un extenso valle tropical donde crece una tercera parte de la coca boliviana. A la postre, sólo seis mal equipadas compañías, con cien elementos cada una, entraron en acción. Algunas advirtieron a los productores locales del inminente asalto con seis días de anticipación y un general incluso renunció, pues no estaba dispuesto a aniquilar campesinos sólo para complacer a la gente de [Oliver] North. A los ciento cincuenta bolivianos de la unidad antidroga financiada con recursos estadounidenses, conocidos como Leopardos, no les fue mucho mejor. Tras dos meses de entrenamiento especial, se quejaron ante un oficial de Estados Unidos de que "habían invertido meses y meses para nada". La elección del gobierno había sido evitar enfrentamientos, por lo que permanecieron en sus barracas. Al fin, en octubre pasado, noventa y tres miembros fuertemente armados de una unidad paramilitar fue enviada a peinar el Beni, una zona selvática y sin caminos al este de los Andes, donde cerca de doscientos barones de la cocaína la procesan y embarcan en enormes propiedades, algunas con hasta cien mil acres de extensión y muchas de ellas equipadas con plantas procesadoras y pistas de aterrizaje. El principal objetivo era Suárez [...]

CAPÍTULO 6

La tenaz persecución

En contra de la voluntad de mi hijo, le pedí a una familia amiga que lo refugiara en una casa que recién habían comprado en las afueras de la ciudad. La tarde siguiente un empleado de confianza me trajo una carta de Roby, donde me decía que tarde o temprano las fuerzas del gobierno darían con su paradero. Me pedía de forma encarecida que buscara la manera más fiable de trasladarlo al Beni. Sólo allí se sentiría seguro. Al terminar de leer su carta, salí como alma que lleva el diablo, acompañada por el empleado que conocía el escondite de mi hijo, pero nos percatamos enseguida de que varias unidades de los servicios de inteligencia del Estado nos seguían. Dimos media vuelta y regresamos a mi casa.

Esa noche recé a todos mis ángeles para que me iluminaran y encontrara la forma, primero, de ver a Roby, y sobre todo de sacarlo de Santa Cruz lo antes posible. Al día siguiente recibí la visita de Gabriel, un sobrino muy querido por nosotros, que de modo coincidente fue bautizado con el nombre de mi arcángel preferido. Mis rezos dieron sus frutos. Alarmado por la situación en que se encontraba su primo, me prometió brindarme toda su ayuda para trasladarlo de la manera más rápida y segura a una de sus propiedades en el Beni. Analizamos la situación y llegamos a la conclusión de que lo más seguro era sacarlo el domingo venidero desde el mismo aeropuerto El Trompillo. Me hizo reír cuando me dijo: "Tía, la Biblia dice que el séptimo día fue creado para descansar. Eso incluye a los agentes de inteligencia y a los soldados que resguardan el aeropuerto. Y, en el peor de los casos, hasta el papa tiene su precio".

El domingo, muy temprano, iniciamos los pasos de un plan muy bien concebido por Gabriel. Primero mandamos con intervalos de cinco minutos los lujosos carros con vidrios oscuros de mis hijos a diferentes puntos de la ciudad. Luego partimos nosotros en el carro del marido de una de mis empleadas, un antiguo automóvil Volkswagen. Cambiamos de carro varias veces para despistar a la policía. El plan dio resultado. Los agentes de inteligencia picaron la carnada y nosotros recogimos a Roby sin mayores contratiempos.

Llegamos al aeropuerto alrededor de las ocho de la mañana, hora de mayor movimiento debido a que los hacendados cruceños tienen por costumbre irse al campo los fines de semana junto a sus familias. Ingresamos al área de los hangares por una entrada secundaria. El piloto de Gabriel había hecho aprobar con antelación el plan de vuelo con destino a una propiedad cercana. Los empleados tenían preparada dentro de la avioneta una caja de madera en la que escondieron a Roby. Gracias a Dios todo lo que planeamos salió a pedir de boca y mi hijo dejó la ciudad de Santa Cruz para refugiarse en el Beni.

Al recibir la confirmación de que Roby se encontraba a salvo en una de las haciendas de su primo, decidí mandar a Gary a Suiza para que continuara sus estudios, ante la imposibilidad de regresar a California. Le pedí que se asesorara e intentara conseguir asilo político para él y sus hermanos, debido a la tenaz persecución a que estaba sometida mi familia sin excepción. Con la ayuda de nuestros buenos amigos de la familia Pace, mi hijo debía comprar una casa en la región de los lagos de la Suiza italiana y organizar nuestra llegada cuando nuestros abogados lo consideraran oportuno.

Acompañada por mis hijos Heidy y Harold, decidí refugiarme en Santa Ana. A esas alturas de mi vida, ante semejante arremetida gubernamental, era el único lugar del mundo donde nos sentíamos seguros. La noche de nuestra llegada no pude conciliar el sueño. Vendría a mi memoria la causa principal por la que mis padres decidieron echar raíces en la ciudad capital de la provincia Yacuma. Al concluir la segunda Guerra Mundial, mi padre decidió vender El Carmen por un excelente precio a unos inversionistas norteamericanos. Consumada la venta nos embarcamos en el vapor *Grether* con destino a Cochabamba. Mercedes y Eloísa tenían que cursar sus estudios superiores, mientras que Bella y yo debíamos terminar la escuela secundaria. En el trayecto fluvial hacia la capital del valle, llegamos al puerto Junín en Santa Ana del Yacuma. Antes de desembarcar, el capitán nos comunicó que aprovecharían para hacer algunas reparaciones en el astillero local, que demorarían aproximadamente una semana. El astillero era de un rico ganadero portugués con varias haciendas en esa zona y era dueño de medio estado del Acre, en Brasil.

Amadeo R. Barbosa no sólo era el dueño del astillero, lo era también de la línea naviera. Él nos esperó en el muelle para pedirnos disculpas por el incidente y nos dijo que el hospedaje y los gastos de alimentación en Santa Ana correrían por cuenta de la empresa. Mientras nos hablaba, no desprendía la mirada de Eloísa. Todos nos dimos cuenta de que ella le correspondía con sutileza y recato. Por esa razón, la demora de una semana en la reparación del casco del vapor se convirtió en dos. En vísperas a nuestra partida, Amadeo pidió la mano de mi hermana en matrimonio. Para consumar su propósito y convencer a mi padre, ofreció venderle 50% de las acciones del cine hotel San Antonio y de un almacén general ubicado en la esquina de la plaza principal. A la mañana siguiente, durante el desayuno, después de hablar a solas con Eloísa, mi padre nos dijo: "Su hermana ha decidido casarse. Por ello, nosotros aceptaremos la oferta societaria de nuestro futuro yerno".

Ésos fueron los motivos para quedarnos a vivir en ese paraíso terrenal y pueblo de valientes. La Capital del Cielo, como la llamé desde el preciso instante en que desembarcamos y puse mis pies en mi amada Santa Ana, ciudad fundada el 26 de julio del año 1708 por el sacerdote jesuita Baltasar de Espinoza, tierra bendecida por todos los santos por llevar el nombre de la madre de la Virgen María y abuela de nuestro señor Jesucristo.

No me equivoqué al dudar del mensaje hipócrita que García Meza le envió a Roberto. Los siguientes días recibí noticias de que la policía había allanado mi casa y nuestras propiedades en Santa Cruz, las casas de nuestros familiares y las de nuestros amigos más cercanos, en busca de Roberto y Roby, o cualquiera de mis hijos. De nuestras propiedades se llevaron cuanto objeto de valor encontraron a su paso, peor que una banda de ladrones. Además, me informaron de la detención e inmediata extradición de Marcelo Ibáñez a los Estados Unidos de América y sobre la entrega de Alfredo *Cutuchi* Gutiérrez a las autoridades americanas en el aeropuerto de Miami para ser juzgado en ese país. Con su entrega, Gutiérrez recuperó la fianza de un millón de dólares americanos que mi marido pagó tras su detención en esa ciudad en mayo de 1980, suma de dinero que nunca devolvió. Pero mi mayor preocupación era no saber la suerte que correría el padre de mis hijos.

A mediados de marzo, Altmann me envió desde La Paz un video y varios artículos publicados por prestigiosos medios de prensa internacional que contenían información sobre los vínculos del régimen boliviano con mi marido. Los diarios *The New York Times* y *The Washington Post,* las revistas *Newsweek, Veja, Marca* y *Der Spiegel* mencionaban a Roberto como el narcotraficante más poderoso del mundo.

El video contenía la grabación del programa *60 Minutes*, de la cadena norteamericana CBS, conducido por Mike Wallace, que había sido emitido el 1 de marzo de ese año, una semana después de la destitución del coronel Luis Arce Gómez del cargo de ministro del Interior de la República de Bolivia. Durante la entrevista, el conductor puso contra la pared a Arce Gómez, acusándolo de tener nexos con el narcotráfico. Con base en las informaciones que los senadores Helms y De Concini, así como el jefe de la DEA, Peter Bensinger, le habrían proporcionado, lo llamó de forma reiterada el Ministro de la Cocaína. Al fin, cuando fue consultado acerca del grado de parentesco que tenía con Roberto, éste contestó que eran primos maternos. Si hubo algo que me llenara de indignación e hiciera hervir mi sangre fue escuchar al corresponsal mentir con una desfachatez impresionante, al aseverar que mi marido ya había sido arrestado en el año 1976 en los Estados Unidos. Mi esposo nunca mencionó nada al respecto y tengo razones para creer que nada habia más alejado de la verdad.

Los meses siguientes pasaría largas horas pendiente de los noticieros, pero lo único que recibía desde Santa Cruz eran novedades sobre los peligros que Roberto corría en esa ciudad. Se movía en carros corrientes, y para no llamar la atención había reducido a siete hombres de su entera confianza el gran número de guardaespaldas que de forma usual lo acompañaba. Tres de los cuales, literalmente, no lo dejaban ir solo ni al baño. No dormía dos noches seguidas en la misma casa, y hacía bien. En varias oportunidades los agentes de la fuerza antinarcóticos y de la DEA llegaron con retraso de apenas unos minutos después de que él se había ido. Le estaban pisando los talones.

Ante el riesgo inminente de que fuera capturado, le pedí a su hermano Hugo que le dijera que debía trasladarse al área rural del Beni. Allí contaría con la protección de sus habitantes, sobre todo la de los pobladores más pobres y necesitados, a quienes había ayudado siempre al realizar de forma periódica importantes donaciones a las comunidades indígenas y los pequeños pueblos del oriente boliviano olvidados por los gobiernos de turno. Desde que tengo memoria fui testigo de su gran sensibilidad social. Antes, durante y después de nuestra vida en conjunto mandó construir decenas de postas sanitarias, comedores populares, asilos de ancianos, orfanatos, escuelas y campos deportivos. Financió la compra de generadores de energía eléctrica, textos escolares y material deportivo. La última etapa de su vida, quizá para purgar sus penas, mandó construir de manera anónima centros especializados para la rehabilitación de drogadictos en varias ciudades del país.

El 26 de julio apareció muy temprano y de sorpresa en el pueblo, acompañado por un gran número de guardaespaldas fuertemente armados, para asistir a los festejos de la fundación de Santa Ana. Su llegada causó una gran algarabía y todos los habitantes acudieron a saludarlo a la casa de Hugo, su hermano mayor. Cuando algunos de ellos lo recriminaron por haber abandonado su pueblo natal, él les respondió: "Lo hago para protegerlos. No vengo muy seguido a visitarlos justamente por el inmenso cariño que les tengo. No quiero que las fuerzas de interdicción ni las agencias antidrogas bolivianas o extranjeras encuentren un solo pretexto para romper con la tranquilidad de mi pueblo, la de mi familia ni la de mis amigos". Les aseguró que nunca se olvidaría de ellos y que los seguiría ayudando desde la distancia, como lo había hecho siempre. Durante el resto de la mañana asistió con sus hijos, parientes y amigos a las carreras de caballos y a las riñas de gallos a las que era aficionado desde joven.

Pasada la misa vino a almorzar a la casa, invitado por Heidy y Harold, quienes le hicieron preparar un verdadero festín con sus platos preferidos. Después de la comida mantuvimos una corta conversación a solas, en la que le imploré que buscara la forma más segura para que Roby saliera del país. Su inoportuna visita a Santa Ana haría deducir al gobierno y a la DEA que él también se encontraría en el Beni. Le pedí que por ningún motivo visitara a nuestro hijo ni intentara cambiarlo de ubicación. Accedió a regañadientes a todas mis peticiones y me prometió que conseguiría la documentación para que Roby abandonara el país lo antes posible hasta que nuestros abogados, con la ayuda de Altmann, solucionaran los problemas con el gobierno de La Paz. Difícil tarea, teniendo en cuenta su reciente enemistad con la dictadura militar. Antes de marcharse abrazó a mis hijos. Les pidió perdón por los malos ratos que estaban pasando y les ordenó que no se separaran de mí por ninguna razón. Me entregó una pequeña libreta donde anotó una frecuencia de UHF para comunicarnos con él en caso de cualquier emergencia que se presentara y dejó a seis de sus hombres encargados de nuestra protección.

Los primeros días del mes de septiembre, tomando todas las medidas de seguridad pertinentes, no aguanté más y me subí a un avión para visitar a Roby. Me recibió en la pista de aterrizaje de la hacienda de su primo con la misma sonrisa angelical que siempre lo caracterizó. Lloré al ver a mi hijo metido en medio monte, en vez de estar disfrutando su juventud en cualquier capital del planeta. Cuando le comenté mi deseo de mandarlo a Suiza, él me respondió: "Madrecita, me comunico casi a diario con mi padre, ya me habló de ese asunto. Por el momento no estoy dispuesto a abandonar el país en un vuelo no regular rumbo a alguna de las haciendas de Pablo Escobar en Colombia". Sonriendo, añadió: "Sería como ir de Guatemala a Guatepeor".

Al atardecer regresé a Santa Ana, feliz de haber visto a mi hijo sano, al mismo tiempo asombrada por la madurez con que enfocó el asunto de su viaje. Pero el futuro de Roby no era lo único que me preocupaba. Debía pensar también en mis otros hijos, que tenían que continuar sus estudios. Esa noche fui informada por Gary de que ya había hecho todo lo que le pedí. Me dijo que Heidy, Harold y yo debíamos viajar cuanto antes a Suiza. Las negociaciones con los parlamentarios de la Confederación Helvética, el país de mayor tradición humanitaria, iban por buen camino. Teníamos grandes posibilidades de obtener el asilo político, con tan sólo demostrarles a las autoridades suizas que estábamos siendo perseguidos de forma ilegal e injusta por la dictadura que gobernaba Bolivia. Nuestros abogados sólo esperaban nuestra llegada para iniciar los trámites.

"Los Novios de la Muerte en Bolivia"

Nación, 8 de agosto de 2007

García Meza era amigo íntimo del principal productor de cocaína de Bolivia, el empresario Roberto Suárez Gómez, descendiente directo de Nicolás Suárez, uno de los pioneros de la industrialización de la goma y quien encabezaba una entidad conocida como La Cooperación *[sic]*, la que cobijaba a los principales capos del narcotráfico. El militar fue convencido de dar un golpe en una reunión que se celebró en Santa Cruz, en casa de Sonia Atala, donde los grandes traficantes ofrecieron un financiamiento de cuatro millones de dólares. En esa cita participaron José Paz, prominente figura de la mafia; Edwin Gasser, dueño del mayor ingenio azucarero del país y dirigente de la Liga Anticomunista Mundial (WALC), y Pedro Bleyer, presidente de la Cámara Industrial de Santa Cruz [...]

Un mes antes del golpe había llegado a Santa Cruz el neofascista italiano Stefano delle Chiae, para coordinar junto con Barbie a los paramilitares que después del levantamiento de García Meza sumieron a Bolivia en un baño de sangre, persiguiendo, torturando y asesinando a cientos de opositores. El italiano había estado radicado en Buenos Aires bajo la falsa identidad de Vincenzo Modugno, luego de trabajar varios años para la policía secreta de Augusto Pinochet, la Dirección de Inteligencia Nacional (Dina). En la capital transandina había establecido relaciones con militares argentinos y bolivianos que lo convencieron para viajar a la nación altiplánica, desde donde, le aseguraron, impedirían la extensión del comunismo hacia el resto del continente.

En Santa Cruz, mientras, ya estaba instalada una organización se-misecreta que se hacía llamar los Novios de la Muerte y que dirigía Joachim Fiebelkorn, un alemán ex miembro de la Legión Extranjera española y que procedía de Paraguay, donde había dado muerte a un ex oficial de la SS nazi. El grupo lo componía una variopinta muestra de la ultraderecha internacional: Herbert Kopplin, ex SS, experto en armas cortas; Hans Jurgen, perito en explosivos; Manfred Kuhlman, mercena-rio procedente de Rodesia; Kay Gevinaer, chileno alemán, técnico en electrónica, y Hans Stellfeld, instructor militar, veterano de la Gestapo, entre otros especialistas en guerra sucia.

Los Novios de la Muerte trabajaban para Roberto Suárez en la protección de los cargamentos de droga que salían hacia el norte y cuidaban que los colombianos no se arrancaran sin pagar. Muchos lugareños los conocían como las *Águilas Negras,* pues las treinta avio-netas de Suárez tenían dibujadas en sus alas imágenes de esas aves depredadoras.

CAPÍTULO 7

La Corporación del narcotráfico

Mientras yo descendía al décimo círculo de un infierno peor que el descrito por Dante Alighieri en *La divina comedia,* Roberto, fiel a su espíritu empresarial, lo primero que hizo luego de romper su relación con García Meza fue acabar de monopolizar el negocio y crear La Corporación o la "General Motors de la Cocaína", como la llamarían los gringos. Este aparato paragubernamental sería el encargado de distribuir entre los pobres las ganancias que dejaba el negocio de la cocaína, obligación que en el pacto original entre Roberto y el presidente debería distribuir el gobierno.

Haría con el narcotráfico lo mismo que hizo con la ganadería cuando nos casamos. Como regalo de boda, recibimos de mi suegro un terreno en la plaza principal para que, con la ayuda de mis padres, construyéramos nuestra casa al lado de la suya. Nicomedes Suárez Franco, a quien desde muy joven llamaba Papá Nico, entregó a mi esposo como anticipo de su herencia la hacienda San Vicente, con cinco mil cabezas de ganado. En los barcos de vapor que alquilamos de mi cuñado Amadeo comenzamos a exportar ganado en pie a los estados brasileños del Acre, Mato Grosso y Rondonia, con lo que se daba fiel cumplimiento a los contratos que habíamos firmado, aprovechando la diferencia del precio de la carne entre los dos países. Iba tan bien el negocio, que con nuestras primeras ganancias decidimos comprar a los hermanos de Roberto la hacienda San Manuel, una hermosa propiedad rural a orillas del río Rapulo y distante dos leguas de Santa Ana. Emulando a sus ancestros de la Casa Suárez, mi marido la rebautizó en mi honor con el nombre de Villa Ayda.

La travesía de ida, río abajo, desde los puertos del río Mamoré hasta Guayaramerín, duraba tres días. Cada vapor remolcaba dos barcazas con ciento cincuenta cabezas cada una. Yo acompañaba a Roberto en casi todos los viajes y aprovechaba para comerciar con los campesinos y las pequeñas comunidades indígenas que poblaban las orillas del río, aprendiendo sus costumbres y sus dialectos. Mi marido me había contado cómo a su tío bisabuelo Nicolás el conocimiento de las lenguas nativas lo habría salvado de morir en el año 1881 a manos de las tribus salvajes, que le lanzaban flechas y dardos envenados desde las orillas del río Beni, cuando navegó hasta las cachuelas siguiendo la ruta de Palacios y de Heath.

El viaje río arriba de regreso a Santa Ana era más agotador y monótono. Duraba cinco días. Las siguientes dos décadas exportamos aproximadamente un millón de novillos mayores que fueron faenados en los mercados del suroeste brasileño. La mitad era de nuestra ganadería y el resto lo comprábamos a los otros ganaderos de la región. Durante las travesías mi esposo nos contaba acerca del sarcasmo con que sus familiares se expresaban sobre un gran número de costosas expediciones comandadas por aventureros extranjeros sedientos de gloria y fortuna que llegaban a los territorios del Gran Moxos en busca de El Dorado. Éstas desaparecían sin dejar rastro alguno mientras deambulaban, famélicas y agonizantes, sin rumbo, como fantasmas en la espesura del monte. Roberto siempre finalizaba las anécdotas con una frase célebre de Nicolás Suárez, el Rey de la Goma: "Las grandes fortunas se hacen trabajando todos los días de sol a sol, no buscando tesoros ni comprando rifas".

El negocio y nuestra economía crecieron a pasos agigantados y, gracias a la capacidad y conocimientos de Roberto sobre la ganadería y a la disciplina con que mis padres me criaron, prosperamos con rapidez. En el año 1968 compramos la hacienda El Chaivus, aledaña a San Vicente, a la familia Montejo, y la hacienda El Carmen a la familia Castedo. Luego compramos las haciendas Cuernavaca, Sapuná, Galilea, Mercedes, Singapur, Piracicaba, Rincón del Mono y Horizonte a las familias Lisboa, Villarroel y Rivero. A comienzos de los años setenta éramos dueños de una extensión total de doscientas cincuenta mil hectáreas en tierras de pastoreo. Desde el año 1958 ampliamos la cría, recría y engorde de nuestro ganado vacuno, llegando a poseer más de cincuenta mil cabezas. Importamos de Brasil toros y vacas de las razas gyr, nelore y cebú para mejorar nuestra calidad de carne. Desde los Estados Unidos importamos vacas santa gertrudis para aumentar la producción lechera en nuestras propiedades.

El monopolio en la exportación de la quinina y el de la goma que lograron los antepasados de mi esposo, y el que nosotros conseguimos exportando ganado al Brasil, fue determinante para que aplicara su vasta experiencia en el narcotráfico. Aparte del tráfico "hormiga", en el país no se movía un solo gramo de cocaína sin el consentimiento de Roberto. La fructífera sociedad con los colombianos Pablo Escobar, Gustavo Gaviria, Gonzalo Rodríguez Gacha, Santiago Campos, Jairo Restrepo, Pablo Correa, Carlos Lehder, los Ochoa, los Rodríguez Orejuela, los Mejía y muchos otros que el paso del tiempo se ha encargado de borrar de mi memoria, marchaba viento en popa.

Las remesas de millones de dólares en efectivo que llegaban desde Colombia eran diarias. Algunas veces los empleados de La Corporación tenían que contar durante horas sumas astronómicas de hasta sesenta millones de dólares en billetes de diferentes cortes que llegaban en bolsas de cotense. Seguramente por eso farseaban a los cuatro vientos que era más fácil desaguar el Mamoré a "tutumazos" que acabar con el dinero del Taita, como llamaban a Roberto.

La empresa compró propiedades a precio de oro en el norte del país, desde las colindancias del Parque Nacional Madidi hasta las inmediaciones del río Yata, para montar una red de laboratorios donde los bioquímicos o "cocineros" colombianos procesaban la droga que llegaba de los laboratorios del Chapare. Una flotilla de treinta aviones Cessna 206 Stol, con las matrículas embarradas, era la encargada de transportar quinientos kilogramos de pasta base en cada vuelo que hacían desde el Chapare. Los campesinos llamaban a esas naves *Águilas Negras* por las imágenes pintadas en el fuselaje y en sus alas. Los pilotos pagaban diez mil dólares americanos por derecho de aterrizaje a los oficiales de las fuerzas de interdicción bolivianas y otra suma similar a los agentes de la DEA que controlaban las cortas e improvisadas pistas de la región, para que se hicieran de la vista gorda.

De esa pasta bruta se obtenía el sulfato base de cocaína, al agregarle acetona o éter. Luego la dejaban reposar y la filtraban. Por último, los "cocineros" le agregaban amoniaco para después de nuevo filtrarla, lavarla con agua y al fin secarla. Los líquidos llegaban hasta los laboratorios bolivianos por lo general en aviones Hércules C-130 de la empresa estatal TAM y, ocasionalmente, en aviones brasileños. La droga era transportada hasta Colombia en modernos turbohélices, donde se realizaba el proceso para obtener el clorhidrato de cocaína. Las aeronaves colombianas aterrizaban sin problemas en las pistas benianas guiadas por expertos pilotos bolivianos. Estos pilotos o "maruchos" ganaban quince mil dólares por vuelo y tuvieron trabajo sólo hasta la aparición del GPS y la telefonía satelital.

La fórmula química para obtener el clorhidrato de cocaína por ese entonces sólo la conocían los "cocineros" colombianos, y esta última etapa de refinación la realizaban en los laboratorios de su país. De la misma manera que, con su ingreso al narcotráfico, Roberto incrementó el precio de venta a los colombianos del sulfato base de cocaína de mil ochocientos dólares el kilo a nueve mil dólares, bajo fuertes presiones obligó a Pablo Escobar a capacitar a los bioquímicos bolivianos para realizar el proceso completo en el país y así darle un mayor valor agregado a la coca. Decía que si eran socios, debían ganar a medias. Sobre todo al ser nosotros los dueños de la materia prima.

Klaus Altmann era el asesor de la empresa en cuestiones de seguridad y contrainteligencia. Además, continuó como el principal enlace de Roberto con la podrida cúpula militar gobernante. Los presidentes de turno, casi todos sus ministros, los comandantes de los destacamentos militares de las diferentes fuerzas acantonadas en el oriente boliviano y en la zona del Chapare, los controladores aéreos, los comandantes nacionales y departamentales de la policía, los jueces, vocales y fiscales, los directores nacionales y distritales de Yacimientos Petrolíferos Fiscales Bolivianos (YPFB), los funcionarios aduaneros y hasta las monjas de los conventos y los curas de las iglesias esperaban, ansiosos, los jugosos bonos que sagradamente, cada primero de mes, les enviaba Roberto a nombre de La Corporación.

Los que no estaban en la nómina de La Corporación se las ingeniaban para visitarlo y entrar en la otra nómina, la de La Cooperación. Todos llegaban con el mismo cuento: problemas financieros o, en su mayoría, de salud. Muy pocos eran sinceros. Resultaba impresionante ver la cantidad de gente de todos los colores y tamaños, patrocinados por algunos de nuestros parientes o amigos, pidiendo audiencia para entrevistarse con él, sobre todo las docenas de carros parqueados en los alrededores de sus casas y oficinas, o los aviones en las pistas de aterrizaje de sus haciendas. Es increíble lo que el ser humano es capaz de hacer por dinero, pero más increíble era ver cómo mi marido, sin hacer excepciones, les creía sus historias y esas manadas de sinvergüenzas se salían con la suya. Literalmente, los hombres salían con un paquete bajo el brazo y las mujeres con sus bolsas llenas de decenas de miles de dólares. El colmo de la indignidad era ver llegar a algunos, acompañados por sus propias hijas, hermanas o esposas, vestidas de manera provocativa, con muy poca ropa, con la intención de ablandarle el corazón al Padrino, esfuerzo innecesario porque mi marido era incapaz de negarle un favor a nadie. Pero también debo reconocer que resultaba alentador enterarnos de que al menos una pequeña minoría de éstos solucionaba en definitiva sus problemas de vida.

Es increíble cómo la fama filantrópica de Roberto traspasó las fronteras gracias a la prensa. La inventiva del hombre no tiene límites. La pequeña oficina de correos de Santa Ana recibiría, durante los años posteriores a 1980, cientos de cartas dirigidas a mi marido desde todos los rincones del planeta, remitidas por gente totalmente desconocida. Casi todos, sin excepción, le escribían pidiéndole ayuda económica y algunos ofreciéndole asesoramiento financiero en diferentes continentes. Pero la que más llamó nuestra atención y nos hizo derramar algunas lágrimas fue la que un músico viudo le remitió desde Nueva York. En la misiva le explicaba que un voraz incendio había destruido, en Brooklyn, el bar en que trabajaba, con lo que también quemó íntegramente el piano que utilizaba para ganarse el sustento diario tocando y cantando para mantener a sus cinco hijos huérfanos. En resumen, le pedía que le enviara veinticinco mil dólares para comprarse un nuevo instrumento, pedido que, cuando mi marido conoció, cumplió de inmediato. No sólo le mandó lo que el pianista requería, sino el doble.

"Boliviano solicita a Reagan que lo encarcele"

The New York Times, 12 de septiembre de 1982

Un hombre buscado por cargos federales de conspiración para importar cocaína envió una carta al presidente Reagan en la que se compromete a entregarse siempre y cuando su hijo sea liberado de la prisión federal donde se encuentra y Estados Unidos pague la deuda externa de Bolivia.

La carta fue enviada por Roberto Suárez Gómez, de cuarenta y nueve años de edad, y publicada recientemente en un periódico boliviano. Su hijo, Roberto Suárez Levy, fue extraditado a Miami dos semanas atrás desde Suiza, donde fue arrestado bajo el cargo de viajar con documentación falsa.

En Estados Unidos fue aprehendido por agentes federales bajo los cargos de conspiración e importación de sulfato base de cocaína, por los cuales podría ser condenado hasta con treinta años de prisión. La fianza inicial fue fijada en cinco millones de dólares.

La semana pasada Suárez Levy, de veinticinco años, se declaró inocente ante el juez federal Peter Palermo, en Miami. El magistrado había fijado inicialmente la fianza en cinco millones y pospuso su fallo ante la petición del gobierno de elevarla a cincuenta millones.

En su carta al presidente Reagan, Suárez Gómez sostiene la inocencia de su hijo y ofrece su propia libertad a cambio de la de su vástago. También solicita a Estados Unidos que pague la deuda externa de Bolivia, la cual asciende a tres mil ochocientos millones de dólares, de acuerdo con la embajada estadounidense en aquel país.

La DEA, que condujo la operación que permitió las acusaciones contra Suárez Gómez *[sic]* y otros cuatro implicados, declaró que el joven Suárez fue uno de los que se reunió con agentes encubiertos en una pista de aterrizaje clandestina en Bolivia, en mayo de 1980, y ayudó a trasladar cerca de cuatrocientos kilos de sulfato base de cocaína a una aeronave de la DEA.

CAPÍTULO 8

La pesadilla suiza

En el mes de diciembre los operativos de la Fuerza Antidroga y la DEA parecieron intensificarse en el Beni. Los rastrillajes y cuadriculaciones policiales se estaban acercando de manera paulatina y peligrosa a la zona donde se encontraba Roby. También decían que los gringos habían traído equipos de triangulación satelital para ubicar, con muy poco margen de error, los lugares donde se emitían las ondas de las comunicaciones radiales. Me atacaron los nervios y decidí comunicarme con Roberto utilizando la frecuencia de UHF que me dejó la última vez que nos vimos. Le dije que había llegado la hora de sacar a Roby del país. Me respondió en clave que a la mañana siguiente lo esperara en la hacienda de su hermano Hugo.

Aterricé en la pista de Santo Rosario a las siete de la mañana y despaché al piloto con la orden de volver a recogerme al mediodía. Me eché a descansar en una de las hamacas de la galería que gentilmente dispuso un empleado de confianza de mi cuñado para mi comodidad, y no pude evitar recordar los primeros años de mi niñez ni la emoción que me embargaba al sentir de nuevo el bamboleo de las hamacas "guarayas" que adornaban la galería de nuestra casa colonial en la barraca El Carmen, rodeada de infinidad de palmeras y árboles de achachairú, guapurú y guapomó, frutales exóticos propios de la Amazonía y el oriente boliviano. Me vi parada en lo alto del barranco sobre el imponente río Beni, con la mirada perdida río arriba, buscando las lejanas cachuelas, impresionada por su casi imperceptible bramido, que se confundía con el trino de las aves silvestres. El cansancio de tantas noches sin pegar ojo hizo presa fácil de mí. Quedé profundamente dormida. Pensé que estaba soñando cuando escuché la voz de Roberto, susurrándome al oído: "Negrita, ya llegué". Me levanté de la hamaca asustada, gritándole que no era el momento adecuado para bromear. Con tono nostálgico, respondió: "Te estuve contemplando un largo rato mientras dormías. Daría mi vida por acostarme a tu lado y dormir tranquilo aunque sólo fuese una noche más". Con mi corazón hecho trizas, pero disimulando mis sentimientos, le respondí: "Dejate de melancolías. Debiste pensar en eso antes de mandar nuestras vidas al diablo".

Haciendo caso omiso a mis palabras, me abrazó del torso y fue directo al grano: "Amor, tengo todo arreglado para que Roby parta pasado mañana a Nápoles, una hacienda del Pelícano en Colombia. Él personalmente se encargará de trasladarlo hasta Medellín, donde le tiene listos sus documentos colombianos falsos. Sólo faltan las fotos. También le he pedido que lo embarque en el primer vuelo que salga con destino a Zúrich para que se reúna con su hermano". Luego, con la picardía que lo caracterizaba, continuó: "Yo me reuniré con ellos para pasar juntos las fiestas de fin de año y de paso aprovecharé de arreglar unos asuntos pendientes que tengo en Europa. Si querés, podemos irnos de luna de miel a París. Pensalo y me avisás. Estás cordialmente invitada".

Dicho y hecho. Mi hijo partió rumbo a Colombia al amanecer del 10 de diciembre de 1981. El día 15 del último mes del año llegó al aeropuerto de Kloten en un vuelo procedente de Bogotá. En Zúrich lo esperaban su hermano y Giancarlo Pace, un buen amigo de ellos a quien conocieron cuando éste cortejaba a mi hija Heidy mientras ella se encontraba estudiando en Madrid. Al saludarlos, lo primero que hizo Roby fue decirles que su equipaje se había extraviado y no valía la pena reclamarlo, porque portaba un pasaporte colombiano falso a nombre de Roberto Jairo Arango Echeverri. Quería salir del aeropuerto cuanto antes.

Una vez en el Ticino, festejaron a lo grande su reencuentro después de no verse casi un año. Por precaución, Gary decidió presentarlo a sus amistades como un compañero de estudios llegado de California, pero ante los atentos ojos de sus amigos les fue imposible ocultar el inmenso cariño que se tenían y en pocos días el círculo social que los rodeaba se percató de que eran hermanos. ¡Pueblo chico, infierno grande! Escogimos el cantón equivocado. Las ciudades de la suiza italiana, a excepción de Lugano, eran pequeños pueblos donde no volaba una mosca sin que se enterara todo el vecindario. La noticia de que un familiar de Gary llamado Roberto estaba en el Ticino llegó hasta las oficinas del inspector de policía Fausto Cattaneo. A éste le pareció haber escuchado antes el nombre de Roberto Suárez y paró los oídos. Comenzó a recopilar datos y decidió pedir información a la Interpol y a sus pares bolivianos.

Para colmo de males, de la misma manera Roberto llegó a Suiza para pasar la Nochebuena con Roby y Gary. Al día siguiente se trasladó junto a mis hijos en un pequeño jet con matrícula belga que pusieron a su disposición sus socios franceses hasta St. Moritz, aceptando una invitación de su fiel amigo y principal asesor financiero en Europa Gunther Sachs. Cuando me contaron ese episodio, reímos hasta más no poder por la cara que dizque puso Roberto al aterrizar en el aeropuerto de St. Moritz y parquear el flamante Gulfstream III al lado de los grandes Boeing 737 que tenían pintados en sus colas y fuselajes los logotipos y los escudos de las familias Niarchos, Onassis y otras *célébrités* de fama mundial. Mis hijos dijeron: "El G3 parecía de juguete". En esa ocasión su padre les había dicho: "Esto me pasa por aceptar avioncitos prestados de franchutes tacaños. Debí comprarme uno de esos 737, como le dije a la Negra en el año 1967, en Seattle".

En esa fría ciudad de la costa oeste americana Roberto terminó de enamorarse de la aviación, cuando su hermana Blanca le presentó a un ingeniero aeronáutico de nombre Anthony, quien lo invitó a conocer las flamantes instalaciones de la Boeing, donde trabajaba, una de las mayores fábricas de aviones del mundo, ubicada en las afueras de Seattle. A su regreso de Everett, me contó emocionado que los americanos habían construido un avión más pequeño que el 707 de Braniff en el que habíamos viajado desde Bolivia. Era el nuevo 737.

En el paraíso invernal del sureste de los Alpes suizos se hospedaron en *suites* del histórico y exclusivo Palace Badrutts Hotel. Durante la cena, en Chesa Veglia, propiedad de su anfitrión, compartieron mesa con la bellísima actriz Florinda Bolkan. La velada fue fantástica. Un famoso y eximio pianista alemán, que vivía la mitad del año en Acapulco y la otra en Europa, interpretaba canciones mexicanas. Al escuchar las conocidas melodías latinas, mis hijos le dijeron a Gunther que le pidiera que los acompañara con una canción. Se pararon en medio del restaurante al lado del piano y le cantaron a su padre *El rey*. Fueron ovacionados por todas las *celébrités* presentes y se armó la fiesta. Terminaron la noche todos juntos en el club privado Drácula, también propiedad de Gunther, bailando al son de ritmos tropicales con la Bolkan, otras actrices y bellas modelos, acompañados por decenas de descorches de botellas de Cristal y Dom Pérignon hasta el amanecer.

Al día siguiente Gunther almorzó con Roberto y mis hijos en el restaurante del hotel y le contó que Roberto Calvi estaba atravesando por muchos problemas legales en Italia. Le pedía por su intermedio el favor de aceptar reunirse con él lo antes posible: "Él está muy nervioso y atemorizado. Ha recibido un ultimátum de un tal Pablo Escobar y sus asociados para que les transfiera de una vez por todas a sus cuentas de la banca panameña millones de dólares que tienen depositados en el Cisalpine Overseas Bank de Nassau. Dice que eres el único hombre que puede interceder a su favor. Puedes salvar una vida y evitar una guerra. Si algo malo le llegara a pasar a Calvi, sus socios de la logia masónica P2 no van a quedarse de brazos cruzados", finalizó Sachs. Roberto condicionó su asistencia a la reunión diciéndole: "No sé en qué líos anda metido mi tocayo, pero yo soy amigo en las buenas y en las malas. Mi única condición es que vos estés presente en la reunión". Gunther Sachs aceptó la contrapropuesta sin titubear y acordaron reunirse en Niza la primera semana del siguiente año.

Esa misma tarde Roberto partió junto a sus hijos e hicieron una breve escala en Lugano para dejar a Gary. Él y Roby continuaron el viaje a Niza, donde los esperaba un helicóptero para trasladarlos hasta Montecarlo. En el principado de Mónaco estuvieron alojados, a expensas de la firma Minoir, S. A., en las palaciegas suites del hotel de París. La presencia de Roberto, acompañado por mi hijo y Reginald Bouchard en las salas del glamoroso casino de la famosa ciudad monegasca, no pasó inadvertida debido a las grandes sumas que apostaban. La última noche del año 1981 Roberto ofreció una exclusiva fiesta en el yate de sus asociados franceses en Puerto Hércules. El 2 enero se reunieron con Gunther en Niza y partieron los tres a la Toscana italiana para reunirse con Roberto Calvi. Dos días después Roberto partió con destino a Panamá y Roby regresó a Locarno.

El 5 de enero Roberto llegó a Panamá, donde lo esperaban Pablo Escobar y el general Manuel Antonio Noriega. A través de Altmann, el hombre fuerte de Panamá había pedido una nueva reunión con Roberto y Escobar para informarles que necesitaban financiar la última etapa de la campaña de Luis Alberto Monge, candidato a la presidencia de Costa Rica por el Partido de Liberación Nacional (PLN). Al día siguiente se reunieron en una finca del general Noriega con el político costarricense. En presencia del panameño le entregaron al candidato tico dos millones de dólares en efectivo para impulsar el último mes de su campaña y asegurar su triunfo en las elecciones de febrero de ese año. De esa manera ellos seguirían teniendo libre acceso a la provincia de Puerto Limón, desde donde recogían los cargamentos de droga boliviana que llegaban de Colombia con destino a la Florida. Todo salió a pedir de boca. Monge ganó la elección y ellos mantuvieron abierta esa ruta alterna para cualquier eventualidad.

La noche del viernes 15 de enero llegué con Heidy y Harold a Zúrich en un vuelo de Varig procedente de Río de Janeiro. Nos esperaban Roby y Gary. Al abrazarlos sentí una felicidad indescriptible. De manera milagrosa estábamos reunidos, aunque fuese al otro lado del mundo, otra vez los cinco, después de tantos problemas y las persecuciones que sufrimos el último año. Al llegar a Gordola nos dirigimos a la casa de la señora Inés Pace, donde ella y sus hijos Eddy y Giancarlo nos dieron una calurosa bienvenida. El fin de semana fuimos de *shopping* a las exclusivas boutiques de Lugano y Milán. Entre otras cosas, recogimos de una joyería mi regalo de Navidad. Era un hermoso reloj Patek Philippe de oro blanco bordeado de zafiros y brillantes. Gary, a pedido de sus hermanos, lo había encargado especialmente para mí a su llegada a Suiza. Paseamos por los alrededores de los lagos Mayor y Como y terminamos nuestro paseo a orillas del lago en Ascona, deleitándonos en un barcito con deliciosos vinos, quesos de cabra y carnes secas. Era como un sueño del cual nunca hubiese querido despertar.

¡La madrugada del lunes 18 de enero mi apacible sueño se convirtió en mi peor pesadilla! Hacia las cinco de la mañana el estruendo de una puerta rompiéndose me devolvió con brusquedad a nuestra fea y dura realidad. Mientras encendía la luz, escuché los gritos de mi hijo Harold entremezclados con otros que parecían órdenes. En ese momento varios policías del escuadrón antidroga de Locarno, armados hasta los dientes, al mando del inspector

Fausto Cattaneo, ingresaron a mi dormitorio. Mientras me esposaban, preguntaban: *"Dove è Roberto Suárez?"* Miré hacia el pasillo, y al ver a mi hijo menor esposado por la espalda, hincado y recibiendo golpes e insultos, les grité: "¡No hagan eso, abusivos! Harold es casi un niño. Tiene sólo diecisiete años". Mis hijos Roby y Heidy habían salido a cenar y pasaron la noche en casa de Eddy Pace en Cardada. Me alegré de que no estuviesen conmigo, ignorando que, en paralelo, ellos corrían la misma suerte. Luego de requisar la casa, nos trasladaron a la estación de policía de Locarno.

Al llegar, pude ver a Roby en una de las oficinas mientras era interrogado, lo que me confirmó que mi hija también se encontraba detenida. No sabía qué había pasado con Gary. Me llevaron directamente ante el procurador de la Sopracenerina Renzo Respini. Por medio de un intérprete de nacionalidad argentina, me exigía que confesara dónde estaba el cargamento de cocaína y los millones de dólares que habíamos ingresado a su país. Si hacía lo que me pedía, me dejaría en libertad, igual que a mis hijos, menos al colombiano, porque él era Roberto Suárez Gómez. No sabía si reír o llorar. ¿Cómo era posible que confundieran a un muchacho que acababa de cumplir veintitrés años hacía menos de un mes con el padre de mis hijos? Esa estupidez me dio esperanzas de que no podrían confirmar que los documentos de Roby eran falsos. Negué todos los cuestionamientos de Respini y pedí la presencia de un abogado para cada uno de nosotros durante los interrogatorios. A media mañana, el agente Previtale me informó que Gary acababa de ser detenido en Muralto. Media hora después recibí la visita de los esposos Merlini. Fernando y Lily me dijeron que habían puesto a sus asesores legales a nuestra entera disposición. No permitirían que la policía nos atropellara de esa manera.

Al final del día, Roby confesó su verdadera identidad. Lo hizo para que no nos maltrataran, consciente de que, aparte de él, ninguno de nosotros tenía problemas con la justicia boliviana ni con la de ningún otro país del mundo. Además, nuestra documentación era legal y no había motivo alguno para que permaneciéramos detenidos injustamente. Sus hermanos fueron liberados en seguida. No obstante, yo permanecí detenida con fines investigativos, acusada de *ricettazione* o lavado de dinero, y nuestras cuentas bancarias fueron congeladas. Mi hijo fue acusado de haber ingresado a Suiza con un pasaporte falso. En la legislación helvética ése era un delito menor, por el que legalmente debería cumplir cuarenta y ocho horas de arresto, pagar una multa de dos mil francos suizos y ser deportado a su país de origen. Pero lo que la policía suiza en realidad esperaba era que las autoridades americanas fundamentaran la orden de arresto internacional en su contra.

La primera noche que pasé en la celda de la estación de policía de Locarno fue espantosa. El remordimiento que sentía por haber insistido en que mi hijo abandonara Bolivia, y el dolor de madre de saberlo preso en una de las celdas contiguas, eran indescriptibles. Pensé incluso en quitarme la vida, si eso de alguna manera sirviera para conseguir la libertad de Roby. Recordé con nostalgia la infinidad de noches que solía acostarme junto a mi padre en las reposeras del jardín de nuestra casa en El Carmen para disfrutar de la suave brisa ribereña mientras contemplábamos el firmamento. Él me señalaba en el cielo nocturno los astros y me decía: "Si te lo propones, llegarás tan alto como las estrellas y brillarás con tal intensidad que las opacarás". Cuando aún era una niña me intrigaban muchas cosas acerca de él. Le hacía una y mil interrogantes sobre su vida pasada, su familia y las experiencias que vivió desde que dejó Rabat para estudiar en Lyon. Con una paciencia inagotable, me enseñaba en los mapas la región donde nació, los países donde estudió y todos los lugares que conoció antes de llegar a Bolivia. Me mostraba dónde empezó la guerra que se desarrollaba en Asia y Europa. La ubicación del Japón y la China. Me contaba de la invasión de Alemania a Polonia y me explicaba cuáles eran los países Aliados que luchaban contra las fuerzas del Eje. Hablábamos de todo, menos de su familia. Cada vez que tocábamos ese tema, se le cortaba la voz y se le nublaban los ojos. Luego desviaba con inteligencia la conversación y terminábamos hablando de cualquier otra cosa.

Los primeros haces de luz matinal que se filtraron tenuemente por la pequeña ventana que daba al parqueo interior del recinto policial me sorprendieron con los ojos secos de tanto llanto derramado. Me puse de pie y observé a unos agentes revisar con meticulosidad dos de los carros de mis hijos. Eran un Mercedes Benz y un Porsche. En un instante me vino a la mente el primer Odsmobile convertible de color negro que llegó a Bolivia en el año 1957, que Roberto le compró al embajador americano en La Paz cuando aún éramos novios. En ese momento golpearon la puerta y por una delgada ranura horizontal introdujeron una bandeja con el desayuno. No la toqué.

Al cabo de un largo rato, un agente abrió la puerta y me pidió que lo acompañara. Me condujo hasta una oficina donde me esperaban Fausto Cattaneo, Renzo Respini, el intérprete argentino y mi abogado. Volvimos a la cantaleta del día anterior. "¿Dónde están la droga y los millones de dólares que trajiste de Bolivia? ¿Dónde se encuentra ahora tu esposo? ¿Está en Suiza? ¿Cuáles son los números de las cuentas cifradas que tienen en el sistema bancario local? ¿Qué inversiones ha hecho tu familia y cuántos bienes han adquirido en este país?" Les repetí hasta el cansancio que habíamos ingresado al país por el aeropuerto de Zúrich en un vuelo regular, cumpliendo con todos los procedimientos migratorios y aduaneros. Que desconocía el paradero de Roberto porque estábamos separados hacía un año. Al final, acogiéndome a mi derecho de guardar silencio, me callé en siete idiomas. Pensé para mis adentros que estaban locos si pretendían que les diera información acerca de nuestras cuentas en la UBS o les hablara sobre nuestras inversiones en Suiza. Me di cuenta de que desconocían muchas cosas.

Antes de mandarme de vuelta a mi celda, Respini me preguntó por medio del intérprete argentino: "Dice el procurador si sabe cuántas vidas cuesta el reloj de oro que porta en su muñeca". Indignada y con la fuerza moral que te da saberte inocente, le respondí: "Claro que sí. Cuesta la vida de decenas de cabezas de ganado". Cuando salía, el argentino me dijo: "Dice que por el atrevimiento de hablarle así, se va a quedar detenida hasta que a él le dé su maldita gana". "Eso lo vamos a ver", le contesté. Al salir, le pedí al abogado de la familia Merlini que hiciera las gestiones necesarias para que pudiera entrevistarme con uno de mis hijos.

Al día siguiente recibí la visita de Heidy. Luego de abrazarnos durante algunos minutos, me dijo sollozando que pronto me dejarían en libertad, pero que Roby continuaría detenido. Me contó entre susurros que un par de horas antes había recibido una llamada de su padre, quien estaba muy preocupado por mi situación jurídica y la de nuestro hijo. Además, había sido informado de que nuestras cuentas estaban congeladas y se encontraba molesto por nuestra iliquidez momentánea. Le pidió que, con todas las precauciones, viajara de inmediato a Ginebra, en compañía de Gary, para reunirse la mañana siguiente con Eddy Maisonneuve en el Banque Nationale de París. El banquero había recibido instrucciones de Graziella Corrocher, la secretaria personal de Roberto Calvi, para entregarles un millón de francos suizos en efectivo. En caso de que la situación no les permitiera trasladarse de ciudad, Bouchard se encargaría de hacer recoger el dinero o enviarles una suma similar desde Marsella con algún emisario de su confianza. De una o de otra manera, en Locarno deberían entregarle una parte del dinero al mejor abogado del sur de Suiza y el norte de

Italia, el doctor Gabriello Patocchi, para que se encargara de nuestra defensa. Éste había defendido recientemente, por cargos de lavado de dinero y estafa, a Francesco Ambrosio, socio y asesor financiero de Roberto en Europa, quien fue responsable en parte del derrumbe del Banco Ambrosiano.

Cuando mi hija terminó, le ordené que no hiciera absolutamente nada que pudiera comprometerlos y empeorar nuestra difícil y delicada situación. No había más tiempo que perder. La llamada de Roberto a mi hija no me gustó para nada. Su intervención podría complicar aún más las cosas. Al despedirnos, le pedí que ese mismo día se pusiera en contacto con el abogado Sergio Salvioni, sobre quien nuestras buenas familias amigas Pace y Merlini nos habían dado excelentes referencias. Le dije que lo contratara de inmediato para que se encargara de nuestra defensa. Fue una buena decisión. El doctor Salvioni aceleró el papeleo legal y puso de vuelta y media al procurador de la Sopracenerina y a su séquito. Cuatro días después me notificaron que saldría en libertad.

Una de cal y otra de arena. La situación jurídica de mi hijo ya se había complicado con el pedido de extradición mandado al Parlamento suizo por la Corte Federal de Distrito de la Florida. Aunque la Confederación Helvética y la Unión Americana no tenían tratados ni convenios para ese fin, el Parlamento suizo les otorgó noventa días a los gringos para que acompañaran dicho pedido con pruebas fehacientes. Mientras tanto, Roby debería ser trasladado a la cárcel de Bellinzona y permanecer detenido. No podía concebir que en un país del primer mundo las cosas se hicieran de forma tan abusiva y arbitraria. Lo único que conseguimos haciendo malabares para salir de Bolivia fue caer de la sartén a las brasas.

El día que recuperé mi libertad, antes de abandonar el edificio de la policía de Locarno, el inspector y el procurador me hicieron pasar a una oficina para hablar conmigo en privado. Sin pronunciar palabra, me mostraron una orden de libertad inmediata e irrestricta a nombre de Roby. Mientras me alcanzaba el papel, Respini me dijo en un tono sospechosamente amable: "¿Sabe qué es esto? Es el futuro de su hijo. Su liberación depende todavía sólo de nosotros dos". Sin el traductor argentino me resultaba difícil, pero no imposible, entender su mezcla de italiano, español y catalán. Lo que me dijo el procurador a continuación me dejó estupefacta: "Tiene que hablar con su marido y convencerlo de reunirse en Milán con unos amigos nuestros a quienes les debemos algunos favores". Luego, Cattaneo acotó sin inmutarse: "Debe decirle que viniendo a Italia mataría dos pájaros de un tiro. Los Gambino quieren reunirse en Milán para limar asperezas y renegociar los cupos de mercancía asignados por Pablo Escobar a su familia en América y Europa. Además, los capos de la Camorra piden que también les conceda una cita. Están muy molestos porque los han hecho a un lado y están perdiendo mucho dinero. Los socios colombianos de su marido prefieren introducir la droga a Europa por los puertos franceses y españoles, en vez de utilizar el puerto napolitano. Tenemos información de que su marido ha estado recientemente en Suiza y otros países vecinos. Dígale que la única manera de negociar con Fausto y conmigo no es ofreciéndonos sobornos ni tratar de amedrentarnos por medio de Joachim Fiebelkorn y sus mercenarios. La libertad de su hijo sólo la conseguirá asistiendo a esas reuniones. Así todos ganaremos y, lo más importante, nos beneficiaremos económicamente", finalizó Respini.

Sin duda alguna, de llevarse a cabo esa reunión ellos ganarían una millonaria comisión y devolverían a los hampones italianos favores recibidos. Pero, ante mi negativa de caer en su trampa o servir de enlace entre los mafiosos italianos y Roberto, los dejé con la palabra en la boca y caminé hacia la puerta de salida, no sin antes escuchar a Cattaneo balbucear: *"Te ne pentirai, grandissima figlia di…"* Ya era demasiada humillación. Volví sobre mis pasos, lo miré a los ojos y le dije: "Los que se van a arrepentir de haber nacido son ustedes dos, par de sabandijas miserables y corruptas. Me van a sobrar los días que me quedan de vida para que todo el mundo se entere de sus contubernios y sus jefes sepan la clase de alimañas que son". Ni yo podía creer lo que acababa de decir, pero después de estar detenida una semana injustamente y ser tratada como una vulgar delincuente, fue la única frase que me salió del alma. Ninguno de ellos respingó. Estoy segura de que entendieron el mensaje. Caminé perpleja hacia la calle al comprobar que esos dos dizque representantes y defensores de la ley, quienes nos habían acusado públicamente de introducir e intentar organizar una compleja red europea de distribución de cocaína con base en Suiza, tenían más relación y estaban más comprometidos con la mafia que nosotros mismos.

Al pisar la calle estuve más convencida que nunca de que mi hijo sería extraditado de una manera u otra a los Estados Unidos de América. La primera medida que tomé al respecto fue enviar de inmediato al doctor Salvioni a la Florida para que contratara a los mejores abogados de la Costa Este norteamericana y comenzaran a trabajar preparando la defensa de Roby en ese país. Yo decidí regresar a Bolivia.

Al día siguiente fui a visitar a mi hijo a la cárcel de Bellinzona. Lo primero que hice fue contarle acerca de la llamada de su padre, de quien había decidido por sobradas razones no recibir ni un solo centavo. Lo abracé con todas mis fuerzas tratando de transmitirle seguridad y optimismo mientras le decía que estaba allí para despedirme, porque partiría a Bolivia la noche siguiente para financiar y transferir el dinero que necesitaríamos para su defensa en Suiza y, sobre todo, en Estados Unidos. Le dije que no podíamos tocar nuestros ahorros de toda una vida de trabajo que estaban en las cuentas cifradas de la UBS y que, gracias a Dios, no habían sido detectadas. De vuelta a casa, y sin pérdida de tiempo, porque en la tardanza está el peligro, debería reunir la documentación de nuestras exportaciones de ganado y los movimientos económicos que generaban éstos a través del Banco do Brasil, hacerlos visar con la cancillería boliviana, el consulado suizo y remitirlos cuanto antes al doctor Salvioni. Esos documentos facilitarían su gestión y tramitarían la devolución inmediata de nuestras cuentas corrientes congeladas en la banca local, que ascendían a casi un millón de francos suizos. Y quién sabe, incluso podríamos lograr su deportación a Bolivia, donde no tenía ningún problema con la justicia.

Haciendo gala de mi afamada buena memoria, le conté de forma minuciosa la oferta que me hicieron Respini y Cattaneo el día anterior. Mi hijo me miró sorprendido y me dijo: "Ese par de villanos está jugando con fuego, pero me parece que no están mintiendo. Algo se traen entre manos". Me confirmó que los datos que manejaban el procurador y el inspector eran ciertos, porque los nombres y detalles que me dieron sobre las relaciones y compromisos de Roberto con esos italianos eran verídicos. Durante la siguiente década, el doble juego del embustero inspector Fausto Cattaneo, mejor conocido en el mundo del hampa como Pierfranco Bertoni, sería al fin descubierto.

Me despedí angustiada. Separarme de mi amado hijo fue casi como volverlo a parir, con la diferencia de que esta vez no quería que el médico cortara el cordón umbilical que nos unía. Lo besé con ternura y le dije: "Quiero que sepás que estoy dispuesta a gastar hasta lo que no tenemos. Voy a contratar a los mejores abogados del mundo para demostrar tu inocencia, hijito de mi alma. Te juro que nos veremos pronto en Bolivia". Enjugando sus lágrimas, me respondió: "Eso no lo he puesto en duda en ningún momento, mamacita. Vaya con Dios, madre mía".

"Roberto Suárez-hijo, absuelto por cargos por traficar con cocaína"

El Deber, 20 de noviembre de 1983

Miami, 19 (AP).— La justicia absolvió al hijo de un traficante de drogas boliviano de dos cargos por conspiración para el tráfico de cocaína.

Un jurado deliberó durante tres días antes de pronunciar su veredicto en el caso de Roberto Suárez-hijo, de veintitrés años. Fue acusado de conspiración para importar ochocientas cincuenta y cuatro libras (trescientos ochenta y siete kilogramos) de cocaína de Bolivia a Estados Unidos y de colaborar en la importación de cocaína.

Suárez se abrazó a su abogado, Irwin Block, y lloró. Su hermana Heidy corrió a abrazarlo emocionada.

La fiscalía no formuló comentarios, pero Block dijo que "por supuesto estoy muy feliz".

Suárez dijo a los periodistas que planeaba viajar en las próximas horas a Bolivia. Preguntado si llamaría a su padre, también mencionado en la acusación, respondió que "no sé dónde está mi padre. Pero voy a llamar a mi madre tan pronto salga del tribunal".

El caso pasó a consideración del jurado el miércoles por la tarde y el veredicto se produjo esta tarde después de un juicio de nueve días.

La fiscalía adujo que Suárez participó en una conspiración para importar cocaína a Estados Unidos. [Agentes de la DEA] dijeron que algunas conversaciones de Suárez revelaron que el acusado estaba involucrado en un plan para introducir cocaína en Estados Unidos.

Suárez asumió su propia defensa y desmintió haber confabulado para importar cocaína. Fue arrestado en Suiza y extraditado a Estados Unidos.

CAPÍTULO 9

El secuestro y la libertad de Roby

Los primeros días del mes de febrero de 1983 partí de Zúrich, acompañada por mis dos hijos menores, con destino a Santa Cruz de la Sierra. Dejé a Heidy a cargo de su hermano Roby y nuestros asuntos legales en Suiza. La noche que llegué a mi casa sufrí una aguda crisis asmática y entré en un profundo estado comatoso. Estuve internada en la unidad de terapia intensiva durante varios días. Mis signos vitales eran casi imperceptibles, por lo que los médicos tenían muy pocas esperanzas de que me recuperara. Esperaban lo peor. De manera milagrosa nunca perdí la conciencia. En mi letargo me decía a mí misma y me lo repetía una y otra vez: "Dame fuerzas, Señor, no puedo morirme todavía ni desfallecer ahora. Mi hijo me necesita más que nunca". Mi organismo estaba muy debilitado, y no era para menos. El vía crucis que vivimos las últimas semanas, viendo a Roby caminar por semejante calvario, sin poder hacer nada para evitarlo, fue demasiado tormento para mí y sus hermanos. Pero Dios todo lo puede. Escuchó mis súplicas y me mandó de vuelta. Me recuperé antes de lo previsto.

Guardaba reposo en mi alcoba, respetando el consejo de mis médicos, cuando escuché el sonido inconfundible de los pasos de Roberto subiendo las escaleras. Me asusté. Pensé que de ésa no me salvaba. ¿Cómo era posible que se animara a venir a mi casa y la de sus hijos sabiéndose perseguido? Abrió la puerta despacio, pensando que me sorprendería, pero cuán equivocado estaba otra vez. Lo recibí como una fiera enjaulada con las siguientes palabras: "¿Qué clase de hombre pone en riesgo a su familia con la facilidad que vos lo hacés? Si no te importo yo, por lo menos deberían importarte tus hijos. ¿No te basta con lo que hemos pasado y lo que estamos pasando con Roby, que encima querés empeorar las cosas viniendo a vernos a plena luz del día, caminando como si nada por medio Santa Cruz?" Lo peor era que yo me despepitaba hablando mientras que él no paraba de reír: "Calma, señora, calma. Se nota que a tus amistades lo único que les interesa es llenarte la cabeza con chismes de las supuestas amantes que tengo por aquí y por allá. Puras mentiras. Deberías decirles que primero te cuenten las cosas más importantes, como, por ejemplo, que ya todo está tranquilo por estos trechos". Sus palabras me dejaron quieta.

Luego me dijo que el motivo de su presencia en la casa era para explicarme los pasos a seguir para liberar a Roby. Según sus abogados, la mejor estrategia sería la de crearle un cargo falso por narcotráfico en Bolivia y pedir su extradición. Al carecer los gringos de un tratado con los suizos, nosotros tendríamos las de ganar. Me opuse totalmente a inventarle cargos a mi hijo. Tratando de ser lo menos ofensiva posible, le exigí que frenara cualquier gestión o trámite relacionado con la libertad de Roby y que dejara el asunto en mis manos. Antes de continuar escuchando sus razones, le dije: "Basta, Roberto. Últimamente tus decisiones, por si no te has dado cuenta, solamente nos han traído problemas. Ahora es mejor que te vayas". Cuando pronuncié esa frase, un silencio sepulcral inundó mi alcoba. Luego, con la promesa de mantenerlo informado sobre el curso de los acontecimientos, lo acompañé hasta la puerta principal de la casa sin que mediara una sola palabra más entre los dos.

Los informes que recibía desde Suiza de parte de Heidy y del abogado Salvioni eran cada vez más desalentadores. El proceso de extradición de mi hijo fue irregular desde su inicio. A fines de abril se cumplió el periodo "legal" otorgado por el Parlamento suizo a la Corte Federal de Distrito de la Florida. Como era de suponer, los gringos no pudieron adjuntar ninguna prueba que no fuesen las declaraciones de los agentes de la DEA Michael Levine y Richard Fiano para fortalecer la orden de arresto internacional ni la petición emitida por ellos. Al no existir ningún tratado entre ambos países, y rompiendo todas las reglas legales en vigencia, el Parlamento suizo les concedió de nuevo a las autoridades norteamericanas otro periodo de noventa días. A Roby le negaron el arresto domiciliario.

Los meses pasaron con lentitud. La tercera semana de junio nos enteramos, a través de los medios de prensa internacional, de los extraños suicidios del Banquero de Dios y su secretaria personal. El cuerpo sin vida de Roberto Calvi, el socio italiano de mi marido, a quien conoció un par de años atrás en Venezuela, fue encontrado por la policía londinense colgando del puente Blackfriars, un día después de que su secretaria, Graziella Corrocher, saltó por la ventana de una de las oficinas del Banco Ambrosiano en Milán. En el mes de julio mi desesperación llegó al límite. Las prórrogas que los suizos extendían a los gringos eran interminables. Al fin, la segunda semana de agosto, el Parlamento suizo rechazó en definitiva el pedido de extradición de mi hijo a los Estados Unidos de América por la liviandad de la acusación y la falta de pruebas en su contra. Roby debería permanecer detenido el fin de semana y ser deportado a Bolivia el lunes 16 de agosto.

Pero los gringos no estaban dispuestos a aceptar ninguna resolución contraria a sus caprichos. La madrugada del domingo 15 de agosto de 1982, un comando integrado por *marines* y agentes del FBI ingresó a los predios de la cárcel de Bellinzona, donde los guardias que custodiaban a mi hijo, como era previsible, ofrecieron poca resistencia antes de ser sometidos por los americanos. Roby fue secuestrado y trasladado al pequeño aeródromo de

Magadino, donde lo esperaba un avión con matrícula estadounidense que despegó con rumbo desconocido instantes después de su arribo. Ante las protestas de las autoridades suizas por semejante atropello, los gringos los amenazaron con hacer todo lo necesario para levantar el secreto bancario, lo que hubiera resultado la ruina para ese país. El incidente pasó casi inadvertido para la prensa y la comunidad internacional.

A media mañana mi hija llegó a la prisión, como todos los días, a visitar a su hermano. Grande fue su sorpresa al enterarse de los hechos ocurridos horas antes. Desesperada, llamó de inmediato al doctor Salvioni, quien había aprovechado el domingo para salir de pesca, y demoró bastante en dar con su paradero. Para no darme la noticia de madrugada debido a la diferencia horaria, decidió esperar algunas horas antes de comunicarse conmigo. A las ocho de la mañana recibí la llamada de Heidy, quien me dio un informe pormenorizado sobre el secuestro de Roby: "Mamita, los guardias me dijeron que esta madrugada los gringos se llevaron por la fuerza a mi hermano". Extrañamente, mientras escuchaba las palabras de mi hija mi furia se desvanecería y me invadiría una profunda sensación de calma. Tratando de consolarla, le dije: "Mi amor, no hay mal que por bien no venga. Hoy es la fiesta de la milagrosa Virgen de Urkupiña. Si nuestro Señor escogió este día para que tu hermanito sea llevado a los Estados Unidos, es porque la Virgen tiene algo bueno reservado para él. Confío en que así sea. A pesar del autoritarismo de sus gobernantes, la justicia gringa es transparente".

Nuestros abogados, los doctores Irving Block, John J. Spitler Jr. y Mitch Bloomberg, fueron alertados por mi hija ese mismo día del secuestro y posterior traslado de Roby a Miami. La primera mala noticia que recibimos desde la Florida fue que, en la audiencia para fianza, el juez fijó la medida sustitutiva en cinco millones de dólares. El fiscal, no contento con esa suma astronómica, poniendo como antecedente la fuga de Gutiérrez en mayo de 1980, pidió y consiguió que la misma fuese elevada a la cifra récord, que quedará en los anales de la historia, de quinientos millones de dólares americanos, por tratarse del hijo del narcotraficante más poderoso del mundo. Además, en los pasillos de la corte se rumoraba que las autoridades habían sido alertadas sobre un supuesto plan de Roberto para secuestrar a un juez federal e intercambiarlo por su hijo. Esa y otras elucubraciones sirvieron de pretexto para que las veces que mi hijo era llevado desde la cárcel del condado de Miami hasta la corte, la policía y el FBI montaran un gigantesco show de seguridad nunca antes visto en el estado de la Florida. Roby era trasladado en medio de esa parafernalia policial, en un moderno camión blindado, escoltado por decenas de carros patrulleros, apoyados por escuadrones del SWAT que eran protegidos desde el aire por varios helicópteros al mejor estilo hollywoodense. El juicio de mi hijo fue fijado para el mes de noviembre.

En el mes de septiembre, consciente de que un abogado defiende mejor a su cliente cuando está seguro de su inocencia, hice venir a los doctores John Spitler y Mitch Bloomberg a Bolivia para conocerlos en persona y discutir las estrategias de la defensa de mi hijo. Los esperé en Santa Ana. El pueblo entero acudió a mi casa para saludarlos y pedirles que hicieran lo imposible para conseguir la libertad de Roby. En nuestra primera reunión me informaron que las posibilidades de éxito que teníamos para demostrar su inocencia eran muy buenas, gracias a la correcta administración de la justicia y su aplicación en los Estados Unidos. Luego me comunicaron la necesidad de entrevistarse con personas cercanas a nosotros para seleccionar a quienes deberían acompañarlos a Miami para comparecer ante la Corte Federal de Distrito de la Florida como testigos de la defensa. Los señores elegidos fueron los siguientes: Eufemiano Villarroel, respetado ganadero de la región; José Alí, propietario de la hacienda Josuani, desde donde se despachó el cargamento de cocaína en mayo de 1980; Rudy Suárez, mecánico de aviación, y Hugo Bazán, administrador de nuestras haciendas en la provincia Yacuma.

Roberto regresó de Casa de Campo, en la República Dominicana, un día antes del viaje de retorno a la Florida de nuestros abogados. La noche de su llegada se comunicó conmigo para decirme que era muy importante que se reuniera con John y Mitch antes de su partida. A la mañana siguiente los llevé a San Vicente para ese fin. Al finalizar la corta reunión, luego de escuchar los pormenores de la estrategia que utilizarían durante el juicio, mi marido les dijo: "Confío plenamente en ustedes y en el resto de su equipo. Tengo la seguridad de que van a traer a mi hijo de vuelta a casa. Les voy a agradecer de por vida si eso sucede". Al despedirse, les entregó la copia de una carta dirigida al presidente Reagan, quien ya estaba al tanto de su contenido porque había recibido la original de manos de un amigo que tenían en común en La Romana. Más tarde la prensa publicaría la carta, en la que mi marido ofrecía entregarse a cambio de la libertad de su hijo y la condonación de la deuda externa de Bolivia, que en el año 1982 ascendía a cerca de los tres mil millones de dólares. También llevaron consigo cientos de cartas remitidas por el pueblo beniano y sus autoridades al juez y a los miembros del jurado, en las cuales les pedían y exigían la libertad inmediata de Roby.

Cuando nuestros abogados partieron, Roberto me contó que había asistido en Casa de Campo a la inauguración del anfiteatro de Altos de Chavón, invitado por su amigo Frank Sinatra, a quien conocimos junto a Carlo Gambino la noche previa a mi cumpleaños, en un viaje que hicimos a Las Vegas en el mes de agosto del año 1967. En La Romana, la Voz le presentó al padre de la industria turística dominicana, el multimillonario Charles Bluhdorn, quien le había manifestado su intención de llevar su vida a la pantalla gigante. Entusiasmado, me dijo al respecto: "¿Te imaginás,

Negra? Los mismos que hicieron *El Padrino* quieren hacer una película sobre mi vida". Lo miré con tristeza y le dije: "Te felicito, Roberto. Les habrás dicho que no pierdan el tiempo buscando a un buen actor. Vos lo harías mejor que cualquiera. Hasta podrías ganar un Oscar".

El juicio se realizó en la segunda semana de noviembre, como estaba previsto. De los cuatro testigos seleccionados, sólo fueron tres. José Alí dijo que los médicos le habían prohibido realizar viajes largos debido a su exagerado exceso de peso. A buen entendedor, pocas palabras. Como el propietario de Josuani, tenía sobradas razones para sentirse atemorizado de presentarse en una corte norteamericana.

Una de las estrategias de nuestros abogados para contrarrestar la ofensiva de la fiscalía, que estaba empeñada en demostrar a los miembros del jurado el tremendo poder económico de la familia Suárez, fue pedirle a Heidy que comprara nuevo vestuario y algunos accesorios para ella y su hermano. En esa oportunidad John le dijo: "Tienen que dejar en el perchero los costosos trajes Armani y Versace. Olvidarse por unos días de Montana y Ferré. También deben abstenerse de usar joyas caras y guardar los elegantes y ostentosos Cartier, Piaget, Patek y Rolex". Mi hija entendió el mensaje a la perfección. La imagen de su hermano debería ser la de un universitario común y corriente. En la tienda departamental JC Penney le compró a Roby un traje gris claro, cuyo precio no sobrepasó los doscientos dólares, incluidas dos camisas blancas y una corbata azul y, para dar el toque final, un reloj Citizen de ochenta dólares. Su hermano usó el mismo traje durante los tres días que duró el juicio. Ella hizo lo mismo y se compró varias prendas baratas en colores neutros de corte ejecutivo. Siguiendo el consejo de los abogados, se recogió el cabello y dejó de lado relojes, anillos y hasta algunos aretes de bisutería fina. Cualquier muestra de riqueza, por más pequeña que ésta fuese, habría resultado contraproducente y podría haber impresionado de manera negativa a los miembros del jurado.

El juicio marchaba con normalidad. Yo vivía al lado del teléfono esperando las llamadas de mi hija. Ella aprovechaba cada receso para llevarle algo de comer a Roby. Durante éstos tenía autorización para ver a su hermano por un breve lapso de cinco minutos. Luego me llamaba para informarme a grandes rasgos sobre el desarrollo del proceso. El segundo día nuestros abogados, quienes por alguna razón usaron a diario corbatas rojas o con detalles de ese color, hicieron subir al estrado a Rudy Suárez, el mecánico de aviación que acompañaba a Roby en el avión cuando éste decidió aterrizar en Josuani, que declaró que no estuvieron en la pista de la hacienda por más de diez minutos. Relató que un señor de apellido Ibáñez se acercó a la avioneta y discutió con Roby algunas deficiencias técnicas de la aeronave que se preparaba para partir. Acto seguido, nuestros abogados llamaron al estrado al principal testigo de la parte acusadora. La declaración del agente Richard Fiano puso en entredicho a la fiscalía y a la propia DEA. Presionado por nuestros abogados, no hizo otra cosa que corroborar el testimonio de nuestro testigo. Además, declaró que Roby no había asistido a ninguna reunión ni había tenido ningún tipo de participación ni contacto con ellos antes del 21 de mayo de 1980. Dijo que la primera vez que la DEA se enteró de la existencia de mi hijo fue cuando éste aterrizó y conversó con Marcelo Ibáñez por escasos minutos en la pista de Josuani, mientras ellos se disponían a despegar en el viejo Convair. Habíamos ganado una batalla, pero no la guerra.

Al día siguiente nuestros abogados, para dar la estocada final a la fiscalía, decidieron llamar de nuevo al estrado al agente Fiano. Éste, presionado por segundo día consecutivo, no resistió el duro interrogatorio al que fue sometido. Al final reconoció que el único motivo por el que la DEA decidió incluir en la acusación a mi hijo fue para tenerlo como rehén. Estaban seguros de que de esa manera su padre se entregaría a las autoridades. La frase pronunciada por Fiano molestó profundamente a los miembros del jurado, debido a que por esos días el pueblo norteamericano aún sufría por sus rehenes cautivos en Irán.

Mi hijo fue declarado inocente por el jurado de los dos cargos de conspiración en el tráfico de cocaína en el caso número 80-205-Cr-EPS (s) en la Corte Federal de Distrito de la Florida. El 19 de noviembre de 1982, después de diez meses desde su detención en Suiza, fue puesto en libertad por el juez Peter Palermo y de inmediato abordó un avión que lo esperaba para traerlo de regreso a Bolivia.

Su llegada a Santa Ana fue motivo de una gran celebración. Minutos antes de que su avión aterrizara cayó una lluvia torrencial que en otras circunstancias hubiera aguado cualquier festejo. Al ver a mi hijo descender de la nave y besar la tierra que lo vio nacer, las gotas que mojaban su frente fueron para mí como si Dios lo estuviera acariciando. El pueblo movima en general acudió al aeropuerto a recibirlo, portando pancartas de bienvenida y dando grandes vítores y gritos de júbilo que se extendieron por toda la ciudad. La multitud lo alzó en hombros cantando consignas en contra del imperialismo yanqui y lo llevó hasta una quinta cercana, donde le habíamos preparado una fiesta de bienvenida. Cuando los nubarrones negros comenzaron a disiparse en el horizonte, estuve segura de que la tormenta por la que habíamos atravesado se iría con ellos.

Señor
RONALD REAGAN,
Presidente de los Estados Unidos de América
Washington, EE.UU.

Señor Presidente:

Por obra del despliegue propagandístico en su país, que a su vez está alimentado por la conocida mitomanía de los agentes de la D.E.A., se pretende mostrarme como a un fabuloso personaje vinculado al tráfico de estupefacientes a escala mundial.

La necesidad de justificar ciertos hechos que desembocan en hegemonías internacionales y la urgencia de disimular la protección que se da a elementos políticos- delincuenciales de su país, han determinado esa acción en contra de mi persona que se traduce en la producción de publicaciones con ribetes novelísticos que se expanden en todos los rincones de la tierra. Es sin duda una tarea de distracción como las que acostumbra utilizar el sistema norteamericano, donde la víctima es mi país, mi persona y mis familiares.

Con este objeto no han reparado en secuestrar en Suiza, después de una sainete judicial, a mi hijo Roberto Suárez Levi de apenas 22 años de edad, pretendiendo involucrarlo en imaginarios delitos que nunca ha cometido y que ahora lo mantienen como rehén , hasta que yo me entregue a las autoridades norteamericanas.

Mi hijo, en razón de llevar mi mismo nombre y conociendo la intención de la D.E.A., de asesinarme, viajó a Suiza con nombre supuesto con la finalidad de visitar a su hermano que estudiaba allí y dejar al otro hermano menor en un buen colegio. Por este motivo fue detenido en Locarno con sus hermanos menores y su madre, quienes fueron brutalmente golpeados y torturados por los policías del país que se autotitula abanderado de la democracia y de los derechos humanos, bajo los cargos de ingreso ilegal y falsedad de nombre. No existe contra él ninguna acusación, salvo el imaginario contenido de la declaración de un agente encubierto y provocador de la D.E.A., que sostiene haber conversado con mi hijo. En una muy próxima oportunidad me ocuparé de la condición moral de ese sujeto, de sus compinches y del magistrado que está procesado.

El gobierno norteamericano, en base a dicha declaración, ha pretendido extraditar a mi hijo. Como esa acción no procedía en rigor de derecho, ha tenido que presionar al gobierno suizo con la amenaza de actualizar y reactivar la Convención Sobre el Rompimiento del Secreto Bancario, convención que a la banca suiza le habría significado perder la gran clientela del mundo financiero. Los Estados Unidos al desistir de esta amenaza , han comprado a un inocente y se lo llevaron contra la resistencia de las autoridades de la prisión de LUGANO a una prisión de Miami, sin haber esperado la finalización de los trámites internacionales de extradición. Fue llevado literalmente secuestrado.

Utilizando todos los mecanismos de poder con los que cuentan ustedes, han logrado secuestrar como rehén a mi hijo Roberto con la única finalidad de conseguir que yo me entregue. Juegan ustedes con suma habilidad porque conocen los profundos sentimientos que tenemos los latinoamericanos y, con esta actitud, quieren poner a prueba mi condición de padre. Y al usar estos procedimientos vedados por la moral y el derecho, no se han equivocado. Estoy dispuesto a cualquier sacrificio en defensa de la libertad e integridad física de mi hijo, que repito, es absolutamente inocente.

Por otra parte, como boliviano que ve a su país avasallado por el poder imperial que lo ha condenado a la miseria, al hambre y a la destrucción de sus recursos renovables, obligándole a usar el horrendo "veneno naranja" de los herbicidas para destruir sus campos y asesinar indiscriminadamente a cientos de campesinos del CHAPARE, para proteger a los propietarios de las extensas plantaciones de coca existentes en CALIFORNIA, que sólo por ser norteamericanas merecen la protección de su gobierno, mientras destruyen las plantaciones de los pobres campesinos bolivianos y vuelven nuestra ecología irreversible.

Estoy dispuesto a entregarme, si con ello puedo contribuir a aliviar en algo esta injusta carga. Pero condiciono mi entrega al cumplimiento previo de lo siguiente:

En primer lugar pido la libertad incondiciones de mi hijo en razón de su absoluta inocencia. Nada, en ningún tiempo ni lugar de leyes, podrá probarse en contra de él. Todo cuanto se ha manoseado hasta el momento es una farsa que la realidad se encargará de destruirla en cualquier momento.

La segunda condición tiene que ver con mi país, con mi pueblo. La Nación boliviana permanentemente explotada, atraviesa una de las situaciones más críticas de su historia. Un endeudamiento que está fuera de sus posibilidades de pago, ha colocado al pueblo boliviano en una crisis que ocasiona hambre y desocupación, situaciones que podrán derivar en conflictos político-sociales de alcances insospechados. Como todos los bolivianos, quien le escribe, está profundamente preocupado por este cuadro y es deber de todo, buscar una solución inmediata. Por esto mi segunda condición es que su Gobierno deposite en la Cuenta del Banco Central de Bolivia el monto total de dólares para cubrir la deuda externa que tiene, con lo que podrá salir de su sufrimiento sin nuevos condicionamientos.

Estas son, señor Presidente, las dos condiciones a cambio de mi entrega voluntaria ante las autoridades de usted indique. Ambas son lógicas y justas. La primera obedece a los sentimientos más profundos de un padre; la segunda se funda en que soy un boliviano que ama entrañablemente a su patria, se conduele con su crítica situación y, si mi libertad puede servir para ayudar a que mi pueblo salga de este estado, bien venida la cárcel o la muerte.

Sin embargo, dejo claramente establecido, señor Presidente, que para el caso de que usted acepte mis condiciones, me acogeré al principio de la ley americana de no declarar en mi contra ni acusaré a nadie. Pero sí como lo tengo dicho, en su momento haré públicos los detalles del entrampamiento que elementos de la D.E.A., prepararon a mi hijo, con antecedentes documentados sobre la condición moral y delictiva de sus acusadores del Estado de Florida.

Aquí en Bolivia estamos informados y alertados de que su gobierno se ha propuesto, mediante grupos de asalto, secuestrarme o asesinarme con operativos que violarían la soberanía territorial boliviana para justificar una espectacular farsa mundial. No busco enfrentamiento, pero me defenderé.

Creo haber sido claro, señor Presidente. Ya no es la hora de seguir con mayores vueltas y dilaciones. Ustedes quieren que me entregue y yo estoy dispuesto a hacerlo si pone en libertad a mi hijo y procede a pagar la deuda externa de mi país.

A la espera de su pronunciamiento, saludo a usted atentamente.

Fdo. Roberto Suárez Gómez
C.I. 1371021

"Así empezó el cártel"

Semana, 22 de mayo de 1989

[...] El principal arquitecto de la "revolución de la coca" en Bolivia fue Roberto Suárez Gómez, un ganadero que entonces contaba cincuenta y cinco años [sic] y poseía vastas propiedades en Santa Cruz y en el norte del país, en una exuberante meseta llamada Alto Beni. Quizá Suárez ya negociara con drogas, pues facilitó los contactos con los traficantes de Medellín, quienes serían los receptores de la mayor parte del nuevo cultivo de Bolivia. Su ventaja en un país tan extenso y carente de caminos adecuados consistía en que él poseía tal vez la mayor flota aérea privada de Bolivia [...] Suárez fundó una corporación de terratenientes bien conectados destinada al cultivo y comercialización de la coca, entre cuyos miembros estaban José Roberto Gasser, de origen alemán al igual que Banzer, y cuya familia financió el golpe de Banzer en 1971 [...]

Quizá fue simple vergüenza lo que persuadió a Banzer de renunciar a la presidencia de Bolivia en julio de 1978. En aquel momento, su secretario privado, su yerno, su sobrino y su esposa estaban bajo arresto o bajo sospecha por traficar con cocaína en los Estados Unidos o Canadá. Y el intento de Banzer por designar a Guillermo, su primo —y miembro fundamental de la corporación de Roberto Suárez—, como cónsul en Miami causó un escándalo en la DEA y mucha publicidad desfavorable [...]

García Meza designó ministro del Interior al coronel Luis Arce Gómez, primo de Roberto Suárez. Arce propiciaba una disciplina estricta, e importó asesores militares de Argentina para que le ayudaran a montar un aparato que ahogara toda oposición, mediante el terror. Entretanto, bajo su dirección, el ejército boliviano llegó a un acuerdo con su primo y otros traficantes, por el cual éstos pagaban un "impuesto" sobre los embarques y entonces podían trabajar en paz.

Era tan descarado, y el incremento de la oferta internacional de cocaína tan evidente, que el gobierno de Jimmy Carter y un ofuscado Congreso acordaron suspender toda ayuda norteamericana a Bolivia. Esta decisión no afectó demasiado a algunos bolivianos, cuyas ganancias obtenidas mediante el tráfico de drogas cuadruplicaban, según estimaciones, las de las exportaciones legales del país. En un discurso, Arce respondió a la protesta de Washington con su arrogancia habitual, alegando que la responsabilidad del problema del tráfico de alucinógenos y el aumento de la exportación de drogas era del presidente Carter, que al haber suspendido las ayudas se convertía en el único culpable del incremento del consumo de cocaína en los Estados Unidos [...]

CAPÍTULO 10

El cártel de Medellín

Para retribuir las atenciones y las muestras de cariño del pueblo beniano, la tarde del domingo 26 de diciembre de 1982 celebramos a lo grande el cumpleaños de Roby en nuestra hacienda San Vicente. Para la ocasión, trajimos desde San Pablo al chef de Don Curro para que preparara una deliciosa paella y otros platillos españoles para doscientas personas. Paul Bocuse tuvo la gentileza de enviarnos desde Río de Janeiro al repostero de su restaurante Le Trianon para que se encargara de la elaboración de los postres, en especial de la *crème brûlée,* el preferido de mi hijo. Roberto nos colaboró con el envío de uno de sus aviones al Brasil para recoger al chef, al repostero, a sus ayudantes y a todos los ingredientes que éstos requerían para la preparación de sus exquisitas recetas. Otro avión recogió de Panamá decenas de cajas de whisky Royal Salute, coñac Louis XIII, champaña Dom Pérignon, vino Château Petrus y otros licores que encargamos a Motta en la ciudad de Colón. Tiramos la casa por la ventana. Era tal nuestra felicidad por tenerlo nuevamente en casa, que queríamos complacerlo en todos sus gustos para suplir de alguna manera las carencias alimenticias que tuvo de enero a noviembre.

Para variar, entre los invitados extranjeros no podían faltar los colombianos Pablo Escobar y Gonzalo Rodríguez Gacha. Cuando aterrizaron, Pablo abrazó a mi hijo con efusividad y le dijo, emocionado: "Nos tenías muy preocupados, Robertico, no sabes el gusto que me da poder abrazarte otra vez. Hasta ahora eres el único que se metió a la boca del lobo y lo dejó emberracado con las ganas de comérselo". Luego, dirigiéndose a Roberto, le dijo: "Y pensar que yo colaboré con su desgracia, mi don, pero ni los miserables gringos pueden contra usted. Tan parlanchines los jueputas y se les quemó el pan en la puerta del horno". Los saludos protocolares se cortaron cuando Gonzalo Rodríguez ordenó descender de un segundo avión a un numeroso grupo de mariachis cantando *Volver, volver,* otro himno de la música ranchera, que dedicó con cariño a mi hijo: "No habrá jamás mejor ocasión que ésta para dedicar este tema. La letra le cae como anillo al dedo, Robertico. Estos muchachos de la cuarta generación del Mariachi Vargas de Tecalitlán son muy bacanes. Han venido desde México especialmente a cantársela a usted". Los presentes aplaudieron hasta el cansancio sus palabras.

De un Súper DC-3 con bandera colombiana nuestros empleados bajaron un hermoso purasangre por orden de Pablo Correa. Éste jaló del bozal al animal y sacó un sobre que le entregó a Roberto, diciéndole: "Señor, éste es el regalo de cumpleaños para su hijo de parte de la familia Ochoa. Don Fabio me encargó entregarle el pedigrí en manos propias y transmitirle sus disculpas por no estar aquí. Tenía muchas ganas de venir, pero está muy delicado de salud". Escobar comentó al respecto: "Caray, don Roberto, lo debe de querer mucho don Fabio para mandarle de regalo a Robertico una cría de su caballo predilecto. Nada más ni nada menos que *Piropo*". Al admirar la belleza del purasangre, recordé nuestro paso por México durante el retorno del viaje que hicimos a los Estados Unidos en el año 1967. Tita, la hija mayor de mi cuñada Blanca, vivía en el Distrito Federal. Estaba casada con Diego Xiques, un simpático joven mexicano emparentado políticamente con el presidente en ejercicio Gustavo Díaz Ordaz. Gracias a ese parentesco y a las altas relaciones sociales de Diego asistimos a un sinfín de invitaciones y actos oficiales durante nuestra estadía en ese maravilloso país.

En uno de ellos tuvimos la fortuna de conocer al señor Antonio Aguilar, famoso cantante y actor de cine, quien era además un reconocido criador de caballos de raza. Gracias a la mutua simpatía que nació de inmediato entre él y mi marido, nos invitó a pasar un inolvidable fin de semana en su hacienda de Tayahua, en el estado de Zacatecas. Allí nos esperó junto a su esposa, la también actriz y cantante Guillermina Jiménez, más conocida como Flor Silvestre. Compartimos bellísimos momentos y fuimos atendidos como reyes por la famosa pareja. Roberto quedó impresionado con la belleza de sus magníficos ejemplares equinos, sobre todo por *Palomo,* un hermoso caballo color bayo perla, muy parecido al hijo de *Piropo,* que era el preferido de la familia Aguilar. La afinidad que tenían nuestros maridos por los caballos fue quizá la razón para que hayamos hecho tan buenas migas durante el corto tiempo que estuvimos en el rancho. Para devolverles sus finas atenciones, invitamos a Antonio y a su esposa a viajar a Bolivia de regreso con nosotros, pero sus compromisos profesionales les impidieron aceptar nuestra invitación en esa oportunidad.

Con Pablo Correa en representación de los Ochoa, el flamante cártel de Medellín estaba casi completo en San Vicente. Quién iba a pensar que el secuestro de Martha Nieves Ochoa Vásquez uniría a las familias más poderosas de Antioquia bajo la sigla MAS (Muerte a Secuestradores), sociedad accidental que daría por resultado el nacimiento del famoso cártel justo cuando mis hijos y yo pasábamos por las de Caín en Suiza. Durante la década del setenta, el incipiente tráfico de cocaína se abrió camino paso a paso desde el Cono Sur americano hasta el imperio yanqui y posteriormente al Viejo Mundo. A mediados de esa década los Ochoa comenzaron a crear la mayor red de distribución de drogas en los Estados Unidos. Lehder abrió las rutas de transporte a través de las Bahamas y Rodríguez Gacha hizo lo mismo en el Golfo de México. Escobar inició sus negocios en Bolivia comprando a precio de gallina muerta sulfato base al mejor postor, hasta que conoció a mi marido en junio de 1980. Lo inverosímil del caso es que, a pesar del incremento de 350% en el precio de la cocaína impuesto por Roberto, el colombiano se convirtió en su mejor cliente y más tarde en su amigo y socio. Como en un organigrama empresarial, cada uno de sus miembros cumplía una función específica. Al mismo tiempo que el *boom* de la cocaína aumentaba la demanda por esa droga en Norteamérica y el mundo, Roberto monopolizaba la producción de sulfato base en nuestro país y se convertía en pieza fundamental de la organización.

El cuadro musical para la celebración estuvo a cargo de mis hijos. Contrataron a los mejores solistas, grupos y bandas nacionales, además del grupo de mariachis que trajo Rodríguez Gacha desde México. Pero en definitiva el toque mágico para la velada de ensueño fue la sorpresiva aparición en el escenario de Manolo Otero. La actuación estelar del español dejó boquiabiertos a nuestros invitados, llegados de todos los confines del país y del exterior. Cuando el famoso cantante, a pedido de Roberto, interpretó el tema *Hola, amor mío,* éste le agradeció con un guiño y me invitó a bailar, susurrando suavemente en mi oído cada palabra de la letra de la canción. Mientras bailábamos, me di cuenta de que todas las miradas giraban alrededor de nosotros, esperando atentas alguna señal de reconciliación entre los dos. Esperé con paciencia que finalizara la canción. Cuando ésta terminó, me acerqué al artista para pedirle que interpretara el tema *Te he querido tanto.* Manolo accedió, encantado, e imité a Roberto. Lo invité a bailar, pero el último verso no se lo susurré al oído. Se lo canté a viva voz: "Te he querido tanto y de tantas maneras, que parece imposible que hoy haya un solo modo de amarte… y éste sólo sea… tu recuerdo".

La parranda duró hasta las primeras horas de la mañana. Durante el desayuno, que a falta de sueño sirvió para recuperar fuerzas, el tema central de la charla no podía ser otro que el desenlace obtenido en Miami en el juicio contra mi hijo. Refiriéndose al tema, Gonzalo dijo algo que yo aún no había tomado en cuenta: "Ganarle el juicio a los pinches gabachos ha sido peor que agarrarlos a manazos. Ora sí les salió el tiro por la culata. Tío Roberto, los ha convertido en el hazmerreír de la comunidad internacional".

Rodríguez Gacha, apodado el Mexicano por la predilección que tenía por ese país y a quien con unas copas en la cabeza se le pegaba hasta el acento, tenía sobrada razón. La DEA y el gobierno americano no se quedarían tranquilos después de haber sido humillados en público y en su propia casa. Contraatacarían con todo. "Viene dura la mano, don Roberto. Ahora le va tocar aguantar los corcovos del Tío Sam. Lo que no sabe el *cowboy* de juguete que tienen de presidente es que usted monta mejor que él", puntualizó Escobar, dirigiéndose a mi marido. Ese bandido, como lo llamé alguna vez, también estaba en lo cierto. Pablo Correa finalizó la charla diciendo algo que arrancó las carcajadas de todos los desvelados mientras nos levantábamos de la mesa: "Lo que ese actor de poca monta ni siquiera se imagina, don Roberto, es que con la ayuda de Fidel le vamos a meter toneladas de perico hasta por los oídos".

No era la primera vez que los colombianos hablaban de la posibilidad de hacer negocios con el mandamás de la isla. Meses antes, Carlos Lehder le había comentado a Roberto acerca de la predisposición del gobierno cubano de brindarles apoyo logístico para que inundaran de droga la Unión Americana. Incluso decían que durante el secuestro de una de las hijas de Fabio Ochoa, perpetrado por una célula del M-19, fue mucho más eficaz la mediación del régimen castrista para lograr su liberación que la violenta arremetida del flamante cártel antioqueño.

Mis pensamientos fueron cortados por el sonido de las turbinas de los Turbo Comanders, King Airs, Cheyennes y los motores de los cargueros y de las otras aeronaves más pequeñas que debían llevar de regreso a nuestros invitados y familiares a sus lugares de origen. Cuando llegó el turno de despedirnos de Altmann, le deseé salud y prosperidad para el nuevo año que estaba por comenzar. Éste, mientras subía al avión que lo trasladaría hasta La Paz, me respondió: "Gracias, señora, pero este año que termina se llevó la salud y la vida de Regina y la de mi hijo menor. El retorno de la democracia al país de seguro se llevará lo que me queda de prosperidad".

Roberto se quedó pensativo y luego de algunos minutos nos dijo: "Pobre viejo, lo veo deshecho. No sabe lo que dice. Debió de ser muy duro para él perder en un accidente a su hijo y después, a causa del cáncer, a su compañera de toda la vida". No lo dejé terminar, perdí los estribos y exclamé: "Esto es el colmo. Era lo único que nos faltaba. Vos dándonos una cátedra sobre ese tema. ¿Por qué mejor no aprovechás y les contás a tus hijos la razón por la que casi perdimos a Roby y les decís de una vez por todas que por tu propia decisión me perdiste a mí?" Nuestro primogénito se interpuso entre los dos y cortó la discusión de raíz. Abrazó a su padre y le dijo que los colombianos los esperaban hacía ya varios minutos dentro del avión. Roberto se dio cuenta de que, al ser nosotros cinco contra uno, él llevaba las de perder. Así que prefirió despedirse haciendo el papel de víctima: "Vámonos, hijo. Tus hermanos ya se habrán dado cuenta de que la razón para que su madre y yo estemos separados no es exactamente por mi culpa, como me lo echan en cara cada vez que pueden. Acaban de ser testigos de lo difícil que es mantener con ella una conversación amigable". Se despidió con cariño de Heidy, Gary y Harold, dio media vuelta y caminó hacia su avión. Antes de abordar, retrocedió unos pasos y me dijo en voz alta: "Casi peco de malcriado yéndome sin despedirme. Espero que la próxima vez que nos veamos las aguas estén más calmadas. Vine con las mejores intenciones de invitarte a pasar un par de días en La Habana, pero nadie puede con tu carácter".

Ante el llamado de Roberto, mi hijo me dio una y mil razones para que aprobara su decisión de acompañar a su padre, pero no acepté ninguna de ellas. Me parecía inverosímil que el primer fruto de mis entrañas arriesgara su vida de nuevo acompañándolo en ese viaje. "Quédese tranquila, mamacita, y deme su bendición, que en una semana estaré de vuelta." Se despidió besando mis manos, mientras acariciaba los rostros de sus hermanos.

Fue casi tan doloroso verlo partir como lo fue despedirme de él en la prisión de Bellinzona. Pero la adoración que sentía por su padre era mayor que cualquier otro sentimiento. Conté las horas y los días de su ausencia hasta que volvió sano y salvo. Entusiasmado, nos contó que había disfrutado como nunca de sus merecidas vacaciones y les dijo a sus hermanos: "No saben el viajecito que se perdieron. En Medellín nos alojamos en una casa bellísima que tiene papi en El Poblado. El mismo día que llegamos fui con Pablo Correa a agradecerle personalmente a don Fabio por el regalazo de cumpleaños que me mandó". No paraba de hablar. Nos contó del alemán campeón olímpico de equitación que habían contratado los Ochoa para que le enseñara a piafar a sus caballos, de las corridas de toros y las clases que tomó de rejoneo en una hacienda de la viuda de Uribe, de su conquista a primera vista a la sobrina del presidente Betancur, de la casa de playa de su padre en Santa Marta y de sus veloces Cigarretes, de la isla de Roberto de cuarenta millones de dólares en las Bahamas, y hasta nos describió el sabor de los deliciosos buñuelos que hacía la señora Margot en La Loma. Cuando terminó su relato, noté cierto sarcasmo en su voz y algo de melancolía: "Ahorita papi debe de estar de viaje oficial en La Habana con el congresista Escobar, como le digo últimamente a Pablo. Me moría de ganas de acompañarlos, pero me dijeron que no era prudente".

Ninguno de nosotros comprendió, hasta un mes después de nuestra despedida en San Vicente, la referencia que hizo el alemán al reciente gobierno instaurado en La Paz en el mes de octubre de ese año. El 25 de enero de 1983, Klaus Altmann, cuyo verdadero nombre era Klaus Barbie, fue arrestado en La Paz bajo el cargo de estafa y deportado a la Guyana francesa de una manera irregular por el gobierno constitucional del doctor Hernán Siles Zuazo. El 5 de febrero las autoridades francesas lo trasladaron a la ciudad de Lyon para someterlo a juicio por los crímenes contra más de cuatro mil judíos, incluyendo a centenares de niños, además del envío de otros más de siete mil a los campos de concentración nazis y más de diez mil miembros de la Resistencia apresados y torturados cuando éste ejercía, en esa ciudad, la Jefatura de la Gestapo durante la segunda Guerra Mundial.

Para mí fue un golpe durísimo, del cual no me repondré jamás, enterarme de que el culto señor alemán con quien, por azares de la vida, habíamos compartido nuestras penas y alegrías en los últimos tres años era el Carnicero de Lyon, ciudad en la que vivía Sarah, la hermana menor de mi padre. Mi tía fue arrestada por Klaus Barbie y desapareció, junto a su esposo e hijos, en enero de 1944, en represalia por la distribución del periódico clandestino *Franc-Tireur*, que ella ayudaba a repartir a su sobrino Jean Pierre Levy, cofundador del mismo y gestor, junto a Jean Moulin, de los Movimientos Unidos de la Resistencia (MUR). Mi primo, a quien conocí en París a fines del año 1969, fue condecorado por el general De Gaulle con la medalla Legión de Honor y declarado héroe de la Resistencia francesa durante la ocupación nazi. Barbie fue condenado a cadena perpetua por un tribunal francés y murió el 25 de septiembre de 1991 en su celda de una prisión de Lyon.

Roberto regresó al país en los últimos días del mes de febrero. A mediados de marzo sufrió un ataque de peritonitis aguda en una de sus haciendas del Beni y debió ser trasladado de urgencia a Santa Cruz, en un vuelo nocturno no autorizado, para someterse a una cirugía de emergencia. Al ser informados del estado de salud y de la hora de la llegada de su padre, mis hijos tuvieron que hacer pagos extras a los controladores aéreos para que no denunciaran el horario irregular y montaron un gran operativo de seguridad en el aeropuerto para evitar cualquier problema con la guardia aeroportuaria, sobre todo con los agentes de la DEA, que merodeaban a toda hora por el lugar. Su avión aterrizó en la pista de El Trompillo a las diez de la noche en medio de una lluvia torrencial. Roby, acompañado de varios guardaespaldas, lo esperó en una calle auxiliar de la pista de aterrizaje y sacó a Roberto en una camilla mientras la aeronave todavía se encontraba en movimiento. En una ambulancia de la policía, conducida por el comandante departamental en persona, lo llevaron hasta la clínica de José Luis, un gastroenterólogo amigo nuestro, donde fue operado de inmediato.

Al día siguiente muy temprano, mi hija me pidió con insistencia que la acompañara a la clínica a visitar a su padre, quien ya se encontraba fuera de peligro y quería hablar con nosotras. Durante el trayecto, Heidy me contó muy enojada que la noche anterior habían tenido problemas con uno de los médicos: "El sinvergüenza del anestesista, un tal doctor Bejarano, cuando se dio cuenta de que el paciente era papi, nos exigió el pago de veinte mil dólares por adelantado para colocarle la anestesia. Nos quiso extorsionar. Pensó que por la urgencia no teníamos otra opción que darle la cantidad de dinero que nos pedía. Al final, mis hermanos lo hicieron entrar en razón y terminamos pagándole la cuarta parte".

Cuando llegamos, Roberto me recibió con un piropo: "Negrita, te sienta muy bien la soltería. Estás cada vez más linda. Ya te habrán dicho mis hijos que casi no vivo para contarla. Si no me venía anoche contra viento y marea, ahorita estarías velándome y llorando frente a mi ataúd". Hice de cuenta no haberlo escuchado. Entonces le dijo a Heidy: "Ay, tu madre, como toda mujer bella, se hace la sorda para que uno le repita el piropo". Luego continuó: "A pesar del cariño que me demuestra todos los días este pueblo y la protección que me brindan sus habitantes, no es seguro. No puedo quedarme más tiempo. Quiero pedirles a vos y a mi hija que se vayan conmigo al Beni. Necesito que me cuiden mientras dure mi convalecencia". Estaba segura de que la decisión que había tomado dos años atrás, de no continuar al lado del amor de mi vida, era la acertada, pero contra todo pronóstico acudí una vez más en su auxilio y, lo que es peor, accedí a su pedido.

Llamé a nuestras oficinas para ordenar que transformaran de inmediato un bimotor Cessna Corsair en un avión ambulancia. Nuestros empleados, asesorados por un buen doctor amigo nuestro, compraron todos los equipos médicos necesarios para implementar en la aeronave una unidad de cuidados intensivos. Mis hijos se encargaron de despejar de extraños el aeropuerto y partimos al mediodía rumbo al Beni acompañados por nuestra hija, el médico de cabecera de Roberto y una enfermera. Un Cessna 402 partió detrás de nosotros, lleno de guardaespaldas. Llegamos a Tamarindo al promediar las dos de la tarde. El doctor José Luis, con la ayuda de la enfermera y los empleados de la propiedad, instalaron con rapidez en la habitación principal todo el equipo médico. Heidy se encargaría de supervisar la dieta de su padre, mientras que yo continuaría debatiendo con mi conciencia sobre mi estadía en esa casa.

A pesar de estar rodeada de todas las comodidades citadinas en Tamarindo, había muchas cosas que me alteraban. La cantidad de gente extraña que llegó esa misma tarde a visitarlo y los guardaespaldas armados hasta los dientes que entraban y salían de su habitación terminarían por exasperarme. La primera noche que pasé en la hacienda Roberto me pidió que reconsiderara mi decisión de separarme en definitiva de él. Le propuse que antes de eso deberíamos aprovechar el tiempo que estaríamos en el Beni para analizar cuál era el camino a tomar para solucionar su situación jurídica y recomponer su imagen. Después hablaríamos del resto.

Mientras lo escuchaba, antiguas imágenes de nuestra juventud revolotearon por mi cabeza y me llevaron hasta principios del año 1950, cuando volví a ver a Roberto en El Saladero durante la celebración de su décimo octavo cumpleaños. Nunca olvidaré el impacto que me causó ver al niño travieso que conocí a mi llegada a Santa Ana, convertido en un joven extremadamente apuesto, carismático y, sobre todo, consciente de su linaje, fortalezas que le abrían las puertas de los círculos sociales y empresariales en las ciudades o países que visitara, al mismo tiempo que las muchachas solteras y las damas casadas le abrían sus corazones. Esa noche, después del discurso de su padre, cuando el festejo llegó a su cúspide, mientras el cielo resplandecía y las aguas del río Yacuma se iluminaban bajo el espectáculo de los fuegos de artificio, mis ojos se encontraron con los suyos e inundaron mis pupilas de un marrón intenso, conquistando mi cuerpo y mi alma. En ese momento la niña inocente de apenas dieciséis años vibró por primera vez, al sentir a la mujer apasionada que despertaba dentro de sí. Años después, durante nuestra luna de miel, me confesó que él había sentido lo mismo.

"Las tropas norteamericanas empiezan a limpiar los 'santuarios' del tráfico de drogas en Bolivia"

La Vanguardia, 20 de julio de 1986

[...] La Administración Reagan ya no habla sólo de "narcotráfico" sino también de "narcoterrorismo", y esta conexión ha hecho que numerosos gobiernos iberoamericanos pidan la cooperación de Washington, con armas y soldados si es necesario, antes [de] que los traficantes y los revolucionarios les arrebaten el poder.

El Departamento de Estado está dando los últimos toques a un plan para entrenar a fuerzas especiales de diversas naciones iberoamericanas en tácticas antiterroristas y proporcionarles equipo paramilitar. Colombia, Costa Rica y Ecuador ya se han mostrado interesados en el programa.

Informes de los servicios secretos e investigaciones policiales han revelado, según el Departamento de Estado, la existencia de importantes conexiones entre los traficantes de drogas y personajes políticos iberoamericanos por un lado, y con organizaciones terroristas tanto de derecha como de izquierda.

Los terroristas y traficantes con frecuencia firman "pactos de asistencia mutua" en virtud de los cuales los primeros obtienen dinero y armas para sus actividades ilegales y los segundos protección.

La Administración Reagan ha acusado con frecuencia a los regímenes marxistas de Cuba y Nicaragua de participar en el tráfico de drogas, y datos en poder del Departamento de Estado vinculan a los guerrilleros del M-19 con los traficantes de cocaína colombianos, y a "Sendero Luminoso" (que controla regiones enteras del país) con los exportadores de droga peruanos, a los que impone cupos de producción de hoja de coca y cobra impuestos a sus ganancias [...]

Bolivia produce cincuenta mil toneladas de cocaína, y recibe sesenta millones de dólares de ayuda exterior norteamericana; Colombia produce cuatro mil toneladas de marihuana y ocho mil quinientas toneladas de cocaína y recibe treinta y dos millones de dólares de ayuda exterior norteamericana [...] Bolivia se ha comprometido a destruir parte de sus cosechas, pero las promesas no se han llevado a la realidad; Colombia sigue siendo el principal productor de cocaína refinada y el exportador número uno de marihuana a los Estados Unidos.

Las últimas cosechas de cocaína han sido tan formidables, a pesar de la guerra de la Administración Reagan contra la droga, que el precio del narcótico en las calles de Miami y Nueva York se ha dividido por cuatro, a pesar de que su pureza es tres veces mayor [...]

CAPÍTULO 11

La conexión cubana

De las confesiones que Roberto me hizo en Tamarindo acerca de su reciente viaje a Colombia, Cuba y Panamá, sin lugar a dudas la más sorprendente fue la razón de su visita a La Habana. La relación entre el régimen comunista y los narcotraficantes colombianos se inició a comienzos de la década de los ochenta. El Departamento América, en cumplimiento de una orden expresa de Raúl Castro, mandó como embajador en Bogotá a Fernando Ravelo, uno de sus mejores agentes. La misión principal del "diplomático" era hacer las gestiones que fuesen necesarias para contactarse con la cúpula que manejaba el tráfico de drogas en Colombia. En el año 1981, como dije antes, la intermediación del gobierno de Cuba ante los guerrilleros del M-19 y el MAS fue determinante para la liberación de Nieves Ochoa y fue, además, el primer puente de confianza tendido por los comunistas a los narcotraficantes. El primero en ser contactado por Ravelo fue Carlos Lehder. Las negociaciones que éste realizó con las autoridades cubanas durante su larga visita a la isla lo convertirían a la postre en el conducto perfecto que los llevaría hasta sus principales objetivos: Roberto Suárez y Pablo Escobar. Desde el año 1982 Lehder les había manifestado a mi marido y a Escobar, en reiteradas oportunidades, las persistentes invitaciones del embajador Ravelo para que lo visitaran en Bogotá, pero no aceptarían ninguna. No los necesitaban todavía.

En el mes de mayo de 1981, ante las cuantiosas pérdidas que les ocasionó la marina cubana en el Paso de los Vientos, y cansados de los continuos cambios de humor de las autoridades de las Bahamas para dar su visto bueno a las naves marinas y aéreas que llegaban desde Colombia y Costa Rica para reabastecerse de combustible en sus islas, Gonzalo Rodríguez Gacha, a nombre del cártel, conseguiría al fin la venia de las autoridades estatales de Quintana Roo para que sus transportistas, que partían del puerto de Barranquilla, reabastecieran sus barcos y aviones en la isla de Cozumel. Desde la Riviera Maya atravesaban el Golfo de México hasta las aguas de los Cayos de la Florida, donde realizaban el trasbordo o bombardeo de la mercancía. Pero casi dos años más tarde llegaría el *boom* del narcotráfico mexicano. El incremento progresivo de los volúmenes de droga que éstos transportaban por aire, mar y tierra les permitiría tomar el control total de las rutas del Golfo.

Ése fue el motivo para que, en el mes de enero de 1983, Roberto y Escobar aceptaran al fin reunirse en Bogotá con el representante del gobierno cubano. Ravelo los recibió en la embajada, acompañado por el jefe del Departamento MC (Monedas Convertibles), dependiente del Ministerio del Interior, el coronel Antonio de la Guardia, quien les transmitió la invitación del general Arnaldo Ochoa para visitar Cuba. No había más tiempo que perder. Fijaron la fecha del viaje para el día siguiente. Al salir de la residencia, Pablo dijo en tono burlesco: "¿Departamento MC, Marihuana-Cocaína? Los tenemos donde queríamos, mi don. Estos cubanos están apestados por plata. Cada vez las limosnas que reciben de los rusos son menores. Se las dan con cuentagotas".

A la mañana siguiente se embarcaron en el aeropuerto El Dorado junto al coronel cubano en un jet Comander propiedad de Escobar, quien no se cambiaba por nadie. El vuelo hasta la isla duró algo más de dos horas y media. En el aeropuerto de Varadero fueron recibidos con bombo y platillo por René Rodríguez, presidente del Instituto Cubano de Amistad con los Pueblos (ICAP), y el almirante Aldo Santamaría, jefe de la marina de guerra cubana. Durante el trayecto al Comando de Operaciones Navales, Rodríguez y Santamaría les comentaron acerca del marcado interés que tenía Fidel y su entorno en usar el narcotráfico como un arma contra el imperialismo yanqui, y apoyar con los fondos provenientes del tráfico a los grupos guerrilleros colombianos, en especial a los del M-19, quienes serían los encargados de velar por la seguridad de los laboratorios del cártel. "En el comando nos esperó el coronel Humberto Francis Pardo, una simpatía de negrazo que se las sabe todas. Se puso a nuestra entera disposición y nos mostró hasta el último rincón del complejo naval. Lo que más nos impresionó fue el alcance de unos modernos radares recién llegados de Rusia, que te dan la ubicación exacta de los guardacostas gringos." Mientras más se explayaba Roberto en su relato, yo entendía menos su intención de volver conmigo. Cada palabra suya alejaba en forma diametral esa mínima posibilidad.

Por orden de Fidel, en La Habana los hospedaron en una de sus mansiones en el barrio del Vedado, la misma donde habría reposado junto a su comitiva Leonid Brézhnev durante su visita a la isla, en la década anterior. Esa noche los generales Arnaldo Ochoa y Patricio de la Guardia les ofrecieron una recepción en el Club de Yates de la Marina Hemingway, donde compartieron con los miembros de la Nomenclatura y otras personalidades relevantes del régimen hasta entrada la madrugada. El general Ochoa se encargó de escoltarlos en persona hasta la fortificada casona de la calle 11. Al despedirse, les dijo: "Hermanos, como dicen ustedes que al que madruga, Dios lo ayuda, mañana temprano tendremos un desayuno de trabajo para hablar de negocios. Los mando a buscar con Tony a las siete en punto". Cuando quedaron solos en el búnker, Escobar le preguntó a Roberto: "¿Que irán a decir los gringos cuando se enteren de que estuvimos negociando por acá?" Mi marido le respondió, tajante: "Me tiene sin cuidado lo que diga la CIA. Te repito lo mismo que le dije a Manuel el otro día: les vamos a enseñar a jugar a dos puntas".

Al día siguiente, el coronel estuvo puntual a la hora indicada para llevarlos a las dependencias del Ministerio del Interior, donde los esperaban para desayunar el ministro José Abrantes y el general Ochoa. Después de un par de horas de regateos, llegaron al fin a un acuerdo. Pagarían un millón de dólares diarios para tener la cobertura del gobierno cubano y el libre acceso a sus aguas territoriales y espacio aéreo, lo que les permitiría usar sus puertos y aeropuertos a su antojo para reabastecer sus barcos y aviones. Y, por supuesto, el acuerdo incluía la escolta oficial de la flota y de la aviación cubana en todas sus operaciones. Después de felicitarse mutuamente, Abrantes se comunicó con un colega, el ministro de Defensa: "Raúl, hemos llegado a un acuerdo satisfactorio con los señores Suárez y Escobar". Mientras, el general Ochoa les decía, en referencia a Fidel: "Señores, ahora viene la mejor parte, vamos a ver al Caballo". Roberto dijo para sus adentros: "Primero el gusto, después el susto".

En el aeropuerto de La Habana abordaron un helicóptero Mig-24 que los trasladó hasta Cayo Piedra. Al sobrevolar la paradisiaca propiedad, quedaron deslumbrados ante la magnificencia de la construcción. Aterrizaron en el helipuerto, donde fueron recibidos por el ministro de Defensa. "Sean ustedes bienvenidos, señores, mi hermano los está esperando arriba", dijo Raúl Castro, quien los condujo en medio de una fuerte vigilancia de decenas de guardias civiles y francotiradores militares hasta la sala principal de la mansión. "Gracias por haber aceptado finalmente la invitación de Ochoa. Ustedes serán el misil con el que agujerearé el bloqueo y el injusto embargo que sufre mi país", les dijo, mirándolos fijamente a los ojos mientras les estrechaba la mano. Luego continuó: "Pepe me ha informado sobre los detalles del trato. Es menos de lo que yo esperaba". Pablo habría replicado: "Treinta millones al mes es un mundo de plata, presidente, son como trescientos sesenta…" El dictador no lo dejó terminar y en tono jocoso les dijo: "Tienes razón, Escobar, eso es mucho dinero para nosotros. En cambio, para ustedes son centavos. Lo ganan de un solo envión". Se acercó hacia ellos frotándose la barbilla y les dijo sonriendo: "Mejor cambiemos de tema. No hay por qué hablar más del asunto. La palabra empeñada por el ministro Abrantes tiene casi el mismo valor que la mía".

Luego se dirigió a Roberto para pedirle que interpusiera sus buenos oficios ante el gobierno del presidente Siles Zuazo, para que de una vez por todas iniciara la búsqueda del cadáver del Che. Mi marido no le prestaría mucha atención a su charla. Seguiría pensando en la última frase dicha por el dictador, mientras que éste le mostraba los informes erróneos que manejaban sus servicios de inteligencia, según los cuales el guerrillero argentino-cubano estaría enterrado en las proximidades de la población de Vallegrande. De acuerdo con informes fidedignos que el general Mario Vargas Salinas le proporcionó a Roberto, el Che habría sido enterrado debajo de la pista de aterrizaje del aeropuerto de Vallegrande. Su hermano Raúl notó la falta de interés de Roberto sobre el asunto y prefirió finalizar diciendo: "Lo único que pretendemos es repatriar sus restos para darle una sepultura digna junto a los otros héroes de la Revolución". La reunión se extendió por un lapso de media hora más, en la cual ajustaron algunos detalles logísticos y definieron comenzar sus operaciones de inmediato. Luego de despedirse, cuando se disponían a abordar el helicóptero, Fidel le dijo a su general:"Ochoa, me cuidas a estos señores con tu vida. A partir de hoy, ellos valen más para Cuba que Vasili Kuznetsov y el Sóviet Supremo juntos".

"¿Ya terminaste?", le dije mientras me contaba de las cajas de puros con sus nombres tallados que les regaló Tony de la Guardia en el aeropuerto de Varadero antes de abordar el avión que los llevaría de regreso a Colombia. "¿Por qué, estás apurada?", respondió. "Sí, Roberto. Voy a buscar a mi hija para irnos ahorita. Después de todo lo que me has contado, estoy más convencida que nunca de que no tenés la mínima intención de alejarte de tus negocios turbios. Tendrías que mirarte la cara al espejo para ver cómo se te ilumina cuando hablás de esas cosas. No te olvidés que quien siembra vientos, cosecha tempestades." Caminé sin volver la cabeza, sabiendo que ésta había sido la última vez que caía en su trampa. No tuve las agallas ni siquiera para despedirme. Llamé a Heidy, quien no acababa de entender lo que pasaba, para decirle que se despidiera de su padre mientras que yo me alistaba para partir.

La asunción al poder por segunda vez del presidente constitucional Hernán Siles Zuazo, quien había ganado las elecciones de 1980, se dio gracias a la reapertura del Congreso, que había sido clausurado por García Meza tras el derrocamiento de Lidia Gueiler en julio de ese año. El líder de la UDP encontró las arcas del país totalmente vacías gracias a la seguidilla de gobiernos militares ineptos e ignorantes en la administración de la cosa pública, amén de la corrupción campante y enraizada en todos los estamentos del Estado. La frase más sobresaliente del discurso que pronunció durante su acto de posesión, el 10 de octubre de 1982, fue la siguiente: "En cien días la economía comenzará a recuperarse". Pero pasaron casi trescientos días y sucedía todo lo contrario. La hiperinflación diaria alcanzaba niveles descomunales.

En el mes de junio, para aliviar la convulsionada economía nacional, el presidente Siles decidió jugar su última carta. Nombró a su viejo amigo Rafael Otazo jefe de la lucha antidroga y le encomendó su primera misión: concertar una reunión con Roberto lo antes posible. Otazo buscó con afán la forma de contactarse con él, hasta que por medio del hermano de uno de los abogados de mi marido logró su objetivo. Luego de extensas negociaciones, en el mes de septiembre su contacto lo recogió en un avión del aeropuerto de El Alto, en La Paz. Lo vendó durante el vuelo hasta que aterrizaron en una hacienda en el Beni. Allí estaba esperándolos el hombre más buscado por la DEA en el mundo. Luego de las presentaciones protocolares, Roberto escuchó de boca del jefe antidroga el mensaje presidencial y leyó la nota que éste le envió. Como había ocurrido en anteriores oportunidades, esta vez tampoco negó su contribución económica al Estado. Sin pensarlo dos veces, se comprometió a hacerle llegar al Tesoro General de la Nación una suma mínima de diez millones de dólares mensuales. Desafortunadamente, los índices inflacionarios estaban fuera de control. Los más de ciento cincuenta millones de dólares no reembolsables, erogados por Roberto durante los doce meses siguientes, no sirvieron más que para equilibrar una pequeña parte de la balanza fiscal y paliar de forma mínima el hambre del pueblo.

Mientras que el gobierno de La Paz sufría los devastadores efectos de una inflación superior a 27% anual, además de que debía soportar las inclemencias del gélido y huracanado viento altiplánico que hacía volar por los aires las millonarias emisiones inorgánicas de cheques de gerencia impresos en papel común por valor de miles de millones de pesos, la sociedad de Fidel con Roberto y Escobar marchaba sobre rieles. Siguiendo las instrucciones de su hermano mayor, Raúl Castro puso a disposición de los suramericanos una bella casona en el Reparto Siboney, desde donde sus lugartenientes dirigían las operaciones. Las veloces lanchas del cártel eran escoltadas por buques de la marina de guerra cubana hasta los límites de sus aguas territoriales. Con la ayuda de los radares rusos de última generación, éstas entraban y salían a su antojo de las aguas territoriales del imperio. Sabían con precisión la ubicación de la guardia costera americana en todo momento, lo que les permitía hacer el transbordo de la droga a veleros y yates con bandera estadounidense, fuera del alcance de los agentes gringos. Lo mismo sucedía con los aviones colombianos que bombardeaban la mercancía cerca de las costas de los Cayos de la Florida. Estos aviones y barcos retornaban a Colombia cargados de armamento pesado de fabricación soviética, fusiles AK-47 y municiones cuyo destinatario principal era el M-19.

Como todo principio tiene un final, en el mes de junio de 1984, al cabo de dieciséis meses de operar de forma ininterrumpida en las costas de la Florida, traficando a través de la isla toneladas de clorhidrato de cocaína bajo el paraguas del régimen castrista, inyectando centenas de millones de dólares a la paupérrima economía cubana, el encanto se rompió. Fidel había recibido información clasificada desde Panamá sobre una sociedad paralela que Roberto y el cártel estaban desarrollando bajo el auspicio del hombre fuerte de aquel país con la CIA y el gobierno costarricense. El motivo de aquella "extraña y explosiva mescolanza", como la llamó el furioso mandamás isleño, sería la generación de ingentes recursos económicos extraoficiales que utilizaría la agencia de inteligencia americana para seguir proveyendo de armamento y apoyo logístico a los contras nicaragüenses para derrocar a su ahijado Ortega, ante la férrea negativa de Washington de continuar su ayuda a la contraguerrilla.

Por medio de un lugarteniente de Roberto, Raúl Castro les mandó un mensaje desde Siboney: debían viajar a Cuba cuanto antes para reunirse con Fidel. El pretexto que usaron para requerir su urgente presencia en la isla fue decirles que la Nomenclatura había decidido triplicar el pago diario acordado por ellos en enero de 1983. Gracias a Escobar, cuyo lema era: "Hay que confiar desconfiando", decidieron dejar en Colombia sus jets y viajar en uno de los aviones que usaban sus empleados, un Piper Cheyenne. Cambiaron también, en el plan de vuelo, el aeropuerto de destino. En vez de dirigirse a Varadero, como lo hacían de forma habitual, aterrizaron en un aeródromo cercano a Siboney, donde Arnaldo Ochoa aguardaba, impaciente, su llegada. Apenas tocaron tierra, el general, quien había sido alertado por el coronel Francis Pardo sobre el arribo de ese avión, les dijo que no se habían equivocado al tener la precaución de cambiar de nave y de destino, porque sus vidas corrían peligro. Debían reabastecer combustible y abandonar la isla de inmediato, porque los servicios de inteligencia cubana aparecerían en cualquier momento. Durante el corto tiempo que estuvieron en la pista de aterrizaje, Ochoa les contó que le fue imposible contactarse con ellos para informarles que Tony lo había llamado un par de días antes diciéndole que buscara la manera de advertirles sobre lo que venía sucediendo en La Habana: "Hay que buscar una buena carnada para traer a ese par de tiburones a nuestros dominios y poner fin a esta situación", le habría dicho el dictador a su hermano en relación con Roberto y Escobar delante del coronel De la Guardia, quien había recibido órdenes de arrestarlos ni bien pusieran pie en Varadero. Dicho y hecho, media hora después de que el Cheyenne despegó, varias unidades con agentes de inteligencia y camiones llenos de soldados, escoltados por dos helicópteros artillados, llegaron al aeródromo. Gracias a Dios, a Tony y a Arnaldo, sería demasiado tarde. Roberto y Pablo se encontraban en pleno vuelo, a punto de abandonar el espacio aéreo cubano.

Para colmo de males del gobierno de Siles Zuazo, en el mes de septiembre de 1984 se filtró en el ambiente político paceño la noticia sobre las reuniones que el jefe de la lucha antidroga había sostenido con Roberto. Se armó un escándalo de dimensiones astronómicas. Cuando la relación entre el Rey de la Cocaína y el gobierno fue revelada oficialmente, Rafael Otazo dio la cara al país. No sólo reconoció sin tapujos ante la prensa nacional y extranjera haberse reunido con Roberto, sino que además, con hidalguía, lo calificó como patriota y lo describió como un próspero industrial agropecuario. Hidalguía que no tuvieron los hermanos Castro para reconocer sus nexos y compromisos con el narcotráfico. Cuando éstos se hicieron evidentes, quisieron tapar el sol con un dedo arrestando a catorce de sus mejores oficiales.

El general Arnaldo Ochoa, héroe de la Revolución, y el coronel Antonio de la Guardia, quizá en venganza por haber alertado a Roberto y a Escobar en Siboney, fueron condenados a muerte junto a sus respectivos ayudantes por una corte marcial en un juicio abusivo y viciado de nulidad. Ante la incredulidad del mundo entero, un pelotón de fusilamiento puso fin a sus vidas y lealtades el 12 de julio de 1989. El general Patricio de la Guardia, hermano gemelo de Tony, fue condenado a treinta años de prisión y los otros nueve recibieron condenas similares. Otros personajes relevantes que estaban al tanto de los casi quinientos millones de dólares que recibió Fidel de manos de Roberto y Escobar fueron encarcelados por diferentes motivos o murieron en dudosos accidentes. Con esas muertes como ejemplo, el dictador cubano intentó limpiar su desgastada imagen ante la atenta mirada del mundo libre. Asesinó, encarceló, torturó y engañó sin escrúpulos a sus más estrechos colaboradores, cuyos únicos delitos fueron haber cumplido al pie de la letra las órdenes que recibieron de él y de su hermano Raúl.

"Roberto Suárez. Conocido barón de la droga boliviano e intermediario financiero de Oliver North para los contras en Nicaragua"

The Guardian, 4 de agosto de 2000

[...] Conozcan a Roberto Suárez cuyo genio consistió, en primer lugar, en reunir a la mayoría de los productores de hoja de coca y cocaína de su país en una sola organización, a la que llamó La Corporación, descrita por alguien como la General Motors de la cocaína y la cual se convirtió en la mayor proveedora del cártel colombiano de Medellín. En segundo lugar, Suárez se aseguró de conseguir protección política para su empresa en medio de la turbulencia política de una de las naciones entonces más inestables de América del Sur.

Cuando uno de los gobiernos más breves en la historia de Bolivia, el de su primera presidenta, Lidia Gueiler, se mostró hostil contra el tráfico de drogas, su primo, el general Luis García Meza, al mando del ejército, planeó un golpe de Estado y en julio de 1980 derrocó al sucesor legítimo, Hernán Siles Zuazo, tres semanas después de las elecciones presidenciales. El golpe fue respaldado por Suárez y su mafia del narcotráfico, así como por la dictadura en Argentina y la CIA. El primer narco-Estado del mundo acababa de nacer.

Michael Levine, un agente veterano de la DEA en la región, ya se había infiltrado antes en la organización de Suárez y afirmaba que le habían llegado a ofrecer "miles de kilos de cocaína al mes". Pero la DEA, al parecer presionada por la CIA, bloqueó la operación de Levine al grado de afirmar que en sus archivos informáticos no existía información alguna sobre Suárez. Se hicieron algunas aprehensiones, pero las dos figuras clave de La Corporación fueron liberadas —al menos una de ellas con vínculos cercanos a la CIA.

El gobierno de García Meza se sostuvo poco más de un año, pero Suárez siguió gozando de protección política [...] Existen fuertes evidencias de que continuó negociando con agentes de inteligencia estadounidenses. Durante el escándalo Irán-Contra, el teniente coronel Oliver North, del Consejo de Seguridad Nacional de Estados Unidos, concibió la idea de vender cocaína con el objetivo de reunir fondos para el movimiento antisandinista en Nicaragua, y utilizó a Suárez como proveedor clave.

A la postre, la protección política se desvaneció, la operación de North quedó al descubierto, la paz se interrumpió en América Central y García Meza se dio a la fuga. La democracia civil se estableció en Bolivia. Y Suárez se convirtió en un motivo de vergüenza [...]

CAPÍTULO 12

El Rey de la Cocaína y la CIA

Los coqueteos entre la Agencia Central de Inteligencia americana y el Rey de la Cocaína comenzaron durante la dictadura de García Meza por medio de Klaus Altmann-Barbie, y se intensificaron cuando mi hijo fue secuestrado en Suiza y trasladado a la Florida. El primer contacto directo que tuvo Roberto con la CIA fue la visita encubierta que el teniente coronel Oliver North, ayudante del presidente del Consejo Nacional de Seguridad de los Estados Unidos de América, le hizo a Roby en la prisión del condado de Miami en la última semana de octubre de 1982. El militar americano le pidió a mi hijo que le transmitiera a su padre, con extrema confidencialidad, una tentadora contrapropuesta que le hacía su gobierno en respuesta a la carta remitida por él, que le entregó en manos propias el magnate Charles Bluhdorn al presidente Reagan, en la que ofrecía entregarse a cambio de la libertad de Roby y la condonación de la deuda externa de Bolivia. Como muestra de buena fe, ellos estaban dispuestos a dar el primer paso. *Ipso facto*, el Departamento de Justicia levantaría la presión que ejercía sobre la fiscalía, el juez Palermo y el principal testigo de la acusación, el agente de la DEA Richard Fiano, a cambio de que Roberto aceptara sentarse con ellos a una mesa de negociaciones. La respuesta que mi hijo le dio a North después de una semana fue terminante: "Dice mi padre que para muestra basta un botón. Sólo se sentará a negociar con ustedes una vez que yo sea declarado inocente y esté fuera de aquí".

Como le dijo Roberto a Noriega antes de su primer viaje a La Habana y a Escobar la noche previa a reunirse con los hermanos Castro en Cayo Piedra, les enseñarían a los gringos de la CIA a jugar a dos puntas. Una semana después del inicio de sus operaciones en Cuba, fueron convocados por Manuel Antonio Noriega para reunirse de nuevo en Panamá con el teniente coronel Oliver North. Luego de dos reuniones preparatorias previas que habían sostenido con el militar, en los primeros días del mes de diciembre de 1982, una auspiciada por el hombre fuerte de Panamá y la otra por el presidente Luis Alberto Monge en Costa Rica, esta vez la propuesta societaria enviada por el gobierno americano era concreta y desesperada. La enmienda Boland, presentada al Congreso por el presidente del Comité de Inteligencia de la Cámara, limitaba la ayuda del gobierno estadounidense a la Contra nicaragüense, razón por la cual los fondos que recibiría la agencia americana para continuar luchando contra la expansión del comunismo en América Central serían reducidos. Por intermedio del teniente coronel, la CIA les ofrecía la cobertura oficial para comercializar en el floreciente mercado americano quinientas toneladas de clorhidrato de cocaína, que ellos transportarían e introducirían dentro de su territorio en sus propios aviones. Las ganancia que obtuvieran los gringos de esa operación sería destinada de manera íntegra para financiar su guerra particular Irán-Contra.

En un pequeño intervalo, mientras que Escobar discutía con Noriega algunos aspectos técnicos y logísticos, North le dijo a mi marido: "Le recuerdo que nosotros ya hemos cumplido con la primera parte del trato. Ahora es usted quien debe decidir si terminamos lo que comenzamos. El futuro de esta sociedad está en sus manos". Increíble pero cierto. El Rey tenía al imperio de rodillas. Esta vez, la última palabra la tenía el hombre que controlaba la producción total de cocaína en Bolivia y, por ende, su comercialización en el mundo.

Roberto recibiría de la CIA un adelanto de doscientos millones de dólares para gastos operativos, con lo que debía poner a disposición de la sociedad una parte de su flota de aviones para el acopio de la pasta base en el Chapare y uno de sus laboratorios en el Beni para procesar el clorhidrato de cocaína. La agencia americana de inteligencia transportaría la droga hasta la provincia de Puerto Limón en Costa Rica, desde donde la introduciría a territorio estadounidense. El cártel debería usar su inmensa red de distribución en el mercado americano y encargarse de su comercialización. Flor de negocio. Cada uno recibiría 30% de las ganancias y quedaría un remanente de 10% para Noriega, padrino de la nueva sociedad, quien además velaría por los intereses de sus socios ante la banca afincada en Panamá. Ni lerdos ni perezosos, llegaron a un acuerdo en menos de dos horas. No quedaba otra cosa más por hacer que poner manos a la obra sin mayores preámbulos. Durante el vuelo de regreso a Medellín, Roberto le dijo a Pablo: "Pelícano, desde hoy estamos jugando en las ligas mayores, pero hay que andar con mucho cuidado. Estos gringos son más peligrosos que un mono con navajas".

Para no mezclar las cosas, el Rey decidió montar un nuevo laboratorio. Eligió el lugar perfecto. La zona más pantanosa e inhóspita de la provincia Ballivián, en el departamento del Beni, a la que sólo se podía acceder por vía aérea. El agua y el lodo circundante era hábitat natural de lagartos y caimanes, y el exceso de humedad, cuna de larvas de mosquitos que dieron origen al nombre del complejo. El laboratorio gigante de Villa Mosquitos era custodiado por más de un centenar de hombres armados con fusiles automáticos Steyr AUG de fabricación austriaca y Galil de origen israelí, equipados con visores nocturnos y miras láser. Los guardias eran en su mayoría ex oficiales del ejército y de la policía nacional, dados de baja de sus respectivas fuerzas por sus vínculos con el narcotráfico. Éstos habían sido reclutados por

Klaus Altmann-Barbie antes de su deportación a la Guyana francesa, además de Stefano delle Chiaie y su lugarteniente Pierluigi Pagliai en la ciudad de La Paz. Para fortalecer el adiestramiento de los mercenarios criollos en tácticas avanzadas de guerra y garantizar la seguridad del complejo, la CIA decidió traer de América Central a los tristemente célebres Novios de la Muerte, quienes se encontraban desde el año 1982 dando instrucción militar a los comandos de la Fuerza Democrática Nicaragüense en la selva hondureña.

Roberto construyó el complejo de tal manera que desde el aire resultara imposible ver el laboratorio, los depósitos, las viviendas, los hangares y las otras dependencias. Todas las construcciones estaban cubiertas con lonas militares camufladas y mimetizadas bajo el alto monte. Lo único que se podía ver a simple vista era una pequeña casa techada con ramas de motacú al lado de un vetusto corral, un pequeño hato de unas quinientas cabezas de ganado cerril y algunos animales caballares diseminados en las áreas elevadas y secas de la propiedad. En la cosmopolita ciudadela convivían bajo estrictas medidas de seguridad, y en completa armonía, bolivianos, gringos y colombianos. Una empresa de *catering,* especializada en prestar servicios a los campamentos petroleros, se encargaba de la alimentación de moros y cristianos en Villa Mosquitos.

El lugar contaba con varias fuentes de energía eléctrica. Uno de estos motores se utilizaba en exclusiva durante las operaciones nocturnas para la iluminación del helipuerto y de la pista de aterrizaje de dos mil doscientos metros de longitud. Dos para las cámaras de refrigeración, las centrales de aire acondicionado de los dormitorios y los ventiladores y extractores de los comedores. Los otros generadores trabajaban día y noche dotando la suficiente energía para que funcionaran en la "cocina" las centrifugadoras traídas por los gringos, las pequeñas prensas hidráulicas, los hornos de microondas y los cientos de focos de doscientos vatios colgados del techo, a escasa altura de las mesas en que la droga era colocada para acelerar el proceso de secado. El laboratorio producía mil kilos de clorhidrato de cocaína de altísima pureza diarios, incluidos los domingos y feriados. Además de soportar el ruido ensordecedor y las altas temperaturas que producían las máquinas centrifugadoras, sumadas al calor infernal de miles de vatios que desprendían los focos, los bioquímicos Rico y Gallo, dependientes de la DEA traídos por la CIA para controlar la calidad de la droga, al igual que los "cocineros" suramericanos y sus ayudantes, tenían que aguantar medio dopados el fuerte olor y el efecto nocivo de los precursores químicos que penetraba por sus cinco sentidos hasta sus cerebros, a pesar de sus guantes y los filtros de las máscaras y barbijos. Pero el pago de miles de dólares que recibían a cambio era suficiente recompensa para tan sacrificada labor, que incluía, cada quince días, la esperada llegada de un avión lleno de hermosas prostitutas brasileñas que eran sorteadas de forma gratuita entre todos ellos. Cada dos meses éstos salían una semana de vacaciones para visitar a sus familias y gastar sus sueldos a manos llenas.

Mantener una empresa de tal magnitud era cosa de locos, peor aún si ésta no era la única que demandaba una logística infalible. El laboratorio del Madidi procesaba cuatrocientos kilos diarios de sulfato base de cocaína, que eran recogidos cada cuarenta y ocho horas por aviones del cártel y llevados hasta sus laboratorios de los llanos del Yarí para convertirlos en clorhidrato puro. Desde los puertos de la costa atlántica colombiana, la sociedad despachaba a Europa, por la vía marítima, la mitad de la droga para surtir el mercado del Viejo Mundo y la otra mitad la destinaban al mercado americano, utilizando la ruta y los servicios que les prestaba el gobierno cubano. El antiguo laboratorio del Yata producía doscientos kilos de clorhidrato de cocaína diarios, que el Rey disponía en su totalidad para abastecer quincenalmente a sus socios franceses por medio de exportaciones "legales" de palmito enlatado. Las tres toneladas de cocaína pura que llegaban de forma periódica al puerto de Marsella eran distribuidas en el mercado europeo y vendidas a un precio mucho mayor al del mercado americano. El laboratorio de Villa Mosquitos duplicaba en tamaño y capacidad de producción a los otros dos juntos. En total, los tres laboratorios requerían más de tres mil kilos diarios de pasta base, lo que significaba que los monomotores Cessnas 206, 208 y 210 realizaban un promedio de diez vuelos diarios hasta el trópico cochabambino para el acopio de la droga. Otros aviones de mayor envergadura llevaban hasta los diferentes laboratorios precursores químicos, repuestos, comestibles, diesel, gasolina y *jet fuel*. Casi todos los pilotos civiles del país volaban para Roberto o servían de guías o "maruchos" a las tripulaciones colombianas y gringas. Incluso algunos renunciaron a sus trabajos en las líneas aéreas comerciales y militares para dedicarse al nuevo y lucrativo negocio, que les dejaba quince mil dólares por vuelo.

Los dos aviones Hércules C-130 que utilizaba la CIA para transportar cada semana siete toneladas de clorhidrato de cocaína en vuelos directos desde Villa Mosquitos hasta Puerto Limón, estaban registrados a nombre de la compañía estadounidense Southern Air Transport, o Aerococa, como la llamaban los empleados del complejo. Los agentes Crespo y Perou se turnaban para controlar la cantidad de droga en cada despacho y acompañaban esos cargamentos hasta Costa Rica. Allí eran esperados por otro de los hombres de confianza de Oliver North, el agente Iván Gómez, quien era el responsable de enviar la cocaína hasta los Estados Unidos en tres jets ejecutivos registrados a nombre de la misma compañía. Los pilotos gringos ingresaban al espacio aéreo y territorio americano por radiales y vectores específicos, siguiendo las instrucciones precisas de North, utilizando códigos y frecuencias de radio oficiales para comunicarse durante el vuelo con los controladores continentales y los nuevos AWACS. Estos jets aterrizaban, por lo general, en pequeños aeropuertos de los estados de Georgia y la Florida, donde los fardos de cocaína eran bajados a vista y paciencia de todos por policías uniformados y cargados en las unidades de los agentes de la CIA, quienes eran los responsables de entregársela a los empleados del cártel.

Desde su regreso a Bolivia, Roby viajaba de modo constante fuera del país, acompañando a su padre. Me preocupaba en demasía ver cómo su relación se estrechaba hasta el límite de no poder vivir el uno sin el otro, algo que en otra situación me hubiera alegrado sobremanera. De alguna forma me hacían recordar la hermosa amistad que tuve la dicha de cultivar con la hermana mayor de Roberto, Beatriz Suárez Gómez. Mi madurez precoz, fomentada quizá por las enseñanzas de Shalom, mi padre, hacía imperceptible la diferencia de edad entre nosotras. Éramos almas gemelas, dos gotas de agua, un solo cerebro que pensaba y accionaba al unísono. Todavía puedo escuchar su voz durante las tardes de lectura y discusiones literarias en la biblioteca de la casa del ilustre José Chávez Suárez. Nunca olvidaré las extenuantes sesiones matutinas de ejercicios acuáticos en el puerto de El Saladero, acompañadas por la algarabía de nuestras hermanas, como tampoco podré olvidar la ansiedad con que esperábamos la hora de la retreta en la glorieta de la plaza principal después de nuestras cabalgatas dominicales.

La muerte de mi suegro, el día 3 de octubre de 1983, sorprendería al Rey en La Habana y no podría asistir a su entierro. En el velatorio de Papá Nico, al ver a toda la familia Suárez reunida, recordé con dolor el motivo de mi reencuentro con Roberto cuando regresó desde Buenos Aires en el año 1951, para estar presente en los funerales de su hermana, nuestra adorada Beatriz. Permaneció en Santa Ana mientras duraron las exequias religiosas. Durante nueve noches asistimos juntos a la iglesia para rezar por el alma de su hermana. Por las tardes, de luto menos riguroso que el mío, me pasaba a buscar en uno de los carruajes de su padre para dar largos paseos, que terminaban casi siempre en el exótico puerto de San Lorenzo. Desde la orilla contemplábamos extasiados los pintorescos paisajes y la singular belleza de la degradación tonal de los atardeceres policromos benianos.

Casi muero de angustia cuando mi hijo me contó sobre la reunión que había mantenido, casi un mes después del fallecimiento de mi suegro, en representación de Roberto con Oliver North en el hotel Asturias de la ciudad de Santa Cruz, en la cual, además de aclarar algunas cuentas pendientes, el militar le había hecho entrega de varios cheques del Palmer National Bank por valor de noventa millones de dólares como saldo del dinero que la CIA se comprometió a adelantarle a su padre en Panamá en el inicio de sus operaciones. Al notar mi desaprobación por involucrarse en ese tipo de cosas, me dijo: "No se ponga así, madre mía. No tengo nada que ver con esos negocios. Sólo he acompañado a papi en algunos viajes para ayudarlo a poner en orden su contabilidad".

Cuando terminamos nuestra tensa conversación, llamó a sus hermanos a la sala de video para que viéramos juntos una copia de *Scarface,* que North le había traído de regalo desde Panamá y que todavía no se estrenaba en las salas de cine locales. Al comienzo parecía una típica y sangrienta producción hollywoodense, hasta que en la pantalla apareció un título que decía: "Cochabamba, Bolivia". A partir de entonces presté especial atención al contenido de la historia, mientras que veía a mis hijos casi hipnotizados por la excelente actuación de Al Pacino y el desarrollo del guión. Cuando la película acabó, Roby nos dijo: "No saben cómo reímos cuando la vimos por primera vez con Pablo y Gonzalo en la sala de cine que papi mandó construir en la casa de El Poblado". Nos contó que Escobar había estado muy callado y receloso durante la proyección del filme hasta que casi explotó su papada de tanto reír cuando Roberto le dijo: "Qué gustarle tergiversar las cosas a estos gringos. ¿Quién les dijo que Montana era cubano y vivía en Miami? Si acá todos sabemos que mi Tony Montana es paisa y está sentado a mi lado". Luego continuó con los nombres reales de los personajes: Manny, el lugarteniente de Montana, no podía ser otro que Rodríguez Gacha. El representante del gobierno americano era, en definitiva, Oliver North. El general Cucombre era García Meza, y no cabía la menor duda de que Alejandro Sosa era él. Al final llegaron a la conclusión de que hablarían con sus abogados en California, para exigirle a la Universal Pictures el pago de sus dividendos y regalías por derechos intelectuales.

¡Era una barbaridad! Todavía sentía en la boca el mal sabor que me quedó después de ver el video de un documental realizado por el canal France 5 titulado *The Princess of Cocaine,* en el que mostraban imágenes de mi hija en algunas entrevistas, desfiles de belleza y portadas de revistas. Ya no sólo eran artículos de prensa y programas televisivos los que mencionaban a Roberto como el Rey de la Cocaína. Ahora habían hecho también una película. Lo peor del caso era que no estaban muy alejados de la verdad.

El flujo constante de información que recibía de mi hijo sobre algunos hechos me erizaba la piel y ponía mis pelos de punta. El 11 de marzo de 1984 el presidente colombiano, impulsado por su flamante y joven ministro de Justicia, dio carta blanca a sus fuerzas armadas para que realizaran, con el apoyo de la DEA, un gigantesco operativo contra Tranquilandia, un gran complejo que tenía el cártel de Medellín en los llanos del Yarí. En un solo día fueron destruidos los diecinueve laboratorios, bombardeadas las ocho pistas de aterrizaje, confiscados decenas de aviones, helicópteros, lanchas, embarcaciones y vehículos todoterreno, e incautadas casi catorce toneladas de droga y millones de litros de precursores químicos. La operación militar en el departamento del Caquetá desmanteló en su totalidad el mayor centro de acopio de sulfato base y de procesamiento de clorhidrato de cocaína del que se tenga conocimiento en Colombia, que dejó a sus dueños pérdidas estimadas en trescientos millones de dólares americanos. Pero la reacción del temido cártel no se haría esperar.

El 30 de abril de 1984 Roby estaba de vacaciones en la casa de playa de su padre en Santa Marta. Roberto se comunicó con él en el último contacto de las siete de la tarde por medio de una radio UHF desde una de sus haciendas del Beni, para decirle que posiblemente al día siguiente, muy temprano, viajaría a Colombia. Cuando mi hijo se despidió y apagó el equipo, un empleado le dijo que encendiera el aparato de televisión porque algo grave había sucedido en Bogotá. Eran las siete y media de la noche y todos los noticieros mostraban las imágenes del asesinato del ministro de Justicia Rodrigo Lara Bonilla, acribillado dentro de su carro por una ráfaga de ametralladora. Minutos después el presidente Belisario Betancur dio un mensaje televisivo, declarando el inicio de una guerra sin cuartel contra el narcotráfico, ordenando controles exhaustivos en todos los aeropuertos y carreteras del territorio colombiano. Y, lo que era peor, le exigía al Congreso la inmediata aprobación del tratado de extradición con los Estados Unidos de América.

La primera reacción de Roby fue intentar comunicarse con su padre para advertirle acerca del incidente, pero no tuvo suerte. A los pocos minutos recibió una llamada de Escobar desde Medellín, consultándole si había logrado alertar a Roberto sobre el riesgo que correría al llegar al día siguiente. Ante la respuesta negativa de mi hijo, le dijo: "No te preocupes, Robertico, mañana es feriado nacional por el día del trabajo. Voy a organizar todo para reunirnos en Pereira al mediodía. Mis hombres pasarán por ti bien temprano". Roby no durmió en toda la noche. A las seis y media de la mañana estaba listo, tomó una ducha y a las siete encendió el equipo de radio para el primer contacto matutino. Al recibir respuesta del Beni, sus temores se hicieron realidad. Su padre había partido de madrugada rumbo a Colombia, a una de sus propiedades en el departamento del Meta.

Los empleados de Pablo llegaron a recogerlo recién pasadas las diez de la mañana. En el trayecto al aeropuerto le dijeron que venían de Barranquilla y que su demora era producto del gran número de controles militares carreteros que tuvieron que sortear. En el aeropuerto abordaron sin mayores problemas un bimotor Beechcraft que los llevó hasta la ciudad de Pereira. En el hangar lo esperaba Roberto, que acababa de aterrizar. "Papacito, qué pena que anoche no le pude avisar de la muerte del ministro", le dijo Roby. "No es tu culpa, hijito, si fuéramos adivinos, no estaríamos aquí ninguno de los dos", le respondió su padre, mientras abordaban el vehículo para ir hasta una finca cercana a la ciudad, donde Escobar aguardaba, impaciente, su llegada. Los recibió eufórico: "¿Ya se enteró don Roberto de lo caro que le costó el chistecito que se mandó el ministrito ese? Anoche el Mexicano y yo nos cobramos una parte de los trescientos millones que perdimos en la incursión de los malditos tombos a Villa Coca", diría Pablo en referencia a Lara Bonilla, para luego continuar: "No le bastó a ese triple jueputa con hacerme expulsar del Congreso, ni que los gringos cancelaran mi visa para Disney World. Tenía que arrasar con Tranquilandia". "Hay mejores formas de solucionar los problemas, Pelícano. No te olvidés de que el que a hierro mata, a hierro muere", le habría dicho Roberto, dejando a todos callados y pensativos.

Esa noche, Escobar quiso festejar el supuesto fin de sus problemas. Estaba seguro de que su gobierno había entendido el mensaje. Decía que la muerte del ministro pondría punto final a las negociaciones de los políticos colombianos con los gringos, que intentaban a toda costa conseguir la aprobación de lo único que lo aterrorizaba en este mundo: el tratado de extradición. Hizo de todo para agradar al Rey. Con el pretexto de celebrar el 1 de mayo, mandó llamar al cantautor argentino Leonardo Favio, vecino y amigo de Carlos Ángel, uno de sus hombres de confianza en Pereira, y ordenó preparar un banquete, quizá para olvidar sus penas. Mientras que Pablo daba rienda suelta a sus demonios, Roberto parecía ausente. Ni la peculiar y potente voz del Poeta de América, de la que tantas veces habíamos disfrutado, menos aún su guitarra, cambiaron su semblante. Él y mi hijo se fueron a acostar temprano. Cuando Roby le dio las buenas noches, su padre le dijo: "He asistido a toda clase de festejos en mi vida, pero nunca he festejado una muerte. Es la primera vez que soy testigo de la celebración de un vil asesinato a sangre fría".

A la mañana siguiente, mientras se servían el desayuno y se despedían de Escobar, mi marido le dijo a mi hijo que preparara sus cosas porque partirían en un rato hasta La Escondida, una finca cercana a la ciudad de Villavicencio, donde estaba su avión reabastecido y listo para retornar a Bolivia. Pero el destino les tenía preparada una mala jugada. Antes de marcharse, Pablo había hecho sacar de una caleta y cargar en un vehículo varias armas de grueso calibre por si al DAS o al ejército se les ocurría pasar por allí. La camioneta fue interceptada en una de las barricadas de la carretera y el chofer obligado a declarar su procedencia.

Roberto subió a la planta alta para hacer una llamada, mientras que Roby se despedía de Carlos y de su esposa en el comedor. Entonces escucharon repetidos gritos provenientes del jardín: "Policía Nacional, salgan con las manos en alto". Lo primero que pensaron fue que Pablo y sus hombres habían regresado y les estaban gastando una broma, pero al salir de la casona se dieron cuenta de que varios policías de civil les apuntaban parapetados detrás de los árboles. El susto hizo olvidar a mi hijo por un instante la presencia de su padre en la finca, hasta que oyó sus pasos en la galería del primer piso en dirección a las escaleras.

Los agentes les pidieron sus documentos. Carlos y su esposa dijeron ser los propietarios de la finca. Roberto presentó su cédula de identidad colombiana, con el nombre de Francisco Mendoza, y

Roby la suya, con el nombre de Roberto Jairo Restrepo. El primero era ganadero en busca de animales para comprar y el segundo profesional en zootecnia. Todo iba muy bien, hasta que al revisar el maletín de uno de los amigos de Carlos, un agente encontró tres pasaportes con su foto, pero con distintos nombres. A sabiendas de lo que vendría a continuación, el Rey fingió un ataque cardiaco y pidió ser trasladado a una clínica de inmediato. Con excepción de las mujeres, los demás fueron llevados a la central del DAS en la ciudad de Pereira para prestar declaraciones. Estuvieron el resto del día en las oficinas de la policía y pasaron la noche allí.

A la mañana siguiente pagaron una fuerte suma de dinero para que los liberaran, con la garantía de Carlos de que se presentarían el próximo lunes. No les devolvieron sus documentos y todavía los deben de seguir esperando. Salieron directo a la clínica donde estaba Roberto, vigilado por dos guardias, a quienes tuvieron que darles otra cantidad de dinero para recogerlo e ir al aeropuerto. Se despidieron de Carlos y partieron con plan de vuelo a la ciudad de Villavicencio en un King Air propiedad de Pablo, piloteado por Maquiavelo. La dirección de aeronáutica había puesto en vigencia controles más estrictos después de la muerte de Lara Bonilla. Uno de ellos era que ninguna aeronave podía demorarse más de cinco minutos de la hora estimada de arribo a su destino, pero aun así tendrían el tiempo suficiente para realizar un breve aterrizaje en La Escondida, donde Maquiavelo los dejaría y continuaría solo su viaje a Villavicencio.

El mal tiempo reinante en la zona no les permitió encontrar la pista de la propiedad y, contra sus deseos, decidieron aterrizar en la capital del Meta, quince minutos después de la hora estimada. Durante su aproximación, divisaron un enjambre de uniformes verdes rodeando la pista. En la plataforma, antes de apagar los motores, ya tenían a decenas de soldados alrededor del avión y al capitán Echeverría ordenándoles que bajaran y mostraran sus identificaciones. ¡Menudo problema! Sus cédulas estaban en manos del

DAS en Pereira y el militar, con un simple vistazo al interior de la nave, vio las mangueras de los tanques auxiliares que utilizaban los narcotraficantes para aumentar la autonomía de vuelo de sus aviones. Los subieron a los tres a la parte trasera de un camión y partieron rumbo al cuartel, encañonados por una docena de soldados. Antes de llegar al recinto militar, Roberto se dio modos para convencer con un fajo de pesos a uno de los jóvenes conscriptos de anotar el número de la oficina de Pablo en Medellín. Debía llamar y decirle al encargado que le avisara a su jefe que el señor Mendoza, el joven Restrepo y el piloto Maquiavelo estaban en problemas en Villavicencio.

Al llegar al cuartel, Echeverría los condujo a unas oficinas, donde los separó y comenzó a interrogarlos. Roberto y Roby dijeron que habían perdido sus documentos en un accidente de carro cerca de Bogotá y que estaban en la zona en busca de ganado para comprar. Durante la tarde, mi hijo entró en pánico al ver al perspicaz capitán conversar por más de una hora con su padre. "¿Lo habrá reconocido o se habrá dado cuenta de su acento extranjero?" Ni lo uno ni lo otro. Al terminar la charla, vio a Roberto colocar en la muñeca del militar su Rolex Presidente y decirle: "Lindo reloj, ¿no? Pero no quiero ni pensar en lo que dirán sus superiores o sus amistades si lo ven portando esta joya. Mejor es que reciba su valor en efectivo". Luego llamó a Roby: "Señor Restrepo, debe hacerme el favor de ir con Echeverría a llamar al Pelícano. Dígale que mañana, al amanecer, debe haber un emisario suyo esperándonos en el aeropuerto de esta ciudad con cincuenta mil dólares en efectivo". Pasaron la noche dentro de la capilla del cuartel. A las cinco y media de la mañana, el aguerrido capitán estaba vestido de civil con una colorida camisa hawaiana y unos jeans, listo para llevarlos al aeropuerto en el carro de su esposa. Como había ordenado Roberto, uno de los hombres de Escobar los esperaba cerca del ingreso a la plataforma con un paquete bajo el brazo. Le entregó el dinero al militar y abordaron el King Air.

"La falsa tesis del Rey de la Coca"

El Diario, 23 de noviembre de 2007

Su nombre adquirió ribetes de leyenda en el submundo de la droga: Roberto Suárez, "Rey de la Coca". El título se lo otorgó él mismo para sustituir el de "Rey de la Cocaína" que le habían dado los medios [...] Suárez, que en los años ochenta era una especie de "Canciller" de las cincuenta y cuatro familias del narcotráfico, ensayó entonces una tesis. Relató haber recorrido el territorio nacional, comprobando los estragos que hacía la droga con los niños y los pobres. Responsabilizó a su propio gremio de tal situación al haber accedido a los dictados de las bandas colombianas, que rescataban la droga en estado semipurificado e impusieron precios bajos a cambio de grandes volúmenes de producción. Obviamente, aumentó la disponibilidad de droga en bruto que empezaron a consumir los "palomillas" en Cochabamba y los niños de la calle en otras ciudades bolivianas.

Afirmó que era posible detener la epidemia de la narcoadicción controlando el precio de la droga refinada. Si era suficientemente alto, estaría fuera del alcance de los niños y los pobres y sólo llegaría, refinada y cara, a los ricos que la demandaban como evasión, autocontrolaban su consumo y nunca caían en los extremos de la dependencia que caracterizan a las drogas ordinarias y populares.

No pudo llevar a la práctica sus ideas. Su sobrino Jorge Roca Suárez, llamado Techo de Paja, no sólo ayudó a mantener bajo el precio del sulfato de cocaína, sino que, buscando evitar el transporte de grandes volúmenes de coca hasta el Beni (que dejaban montañas de desechos luego de extraer los alcaloides), se encargó de enseñar a los propios cocaleros del Chapare los secretos de la fabricación de la droga.

Cuando las avionetas aterrizaban en plena carretera Cochabamba-Santa Cruz para recoger la "merca" y dejar bolsas de dólares, los cárteles colombianos dominaban el mercado norteamericano y se expandían a Europa y Japón, con lo que la producción en Bolivia se multiplicó exponencialmente y con ello, desde luego, se disparó el consumo en el país. El incremento de la oferta hizo que el precio empezase a bajar. Hasta los años setenta la cocaína valía en Nueva York tanto como el oro. En los noventa la droga estaba al alcance de cualquier bolsillo.

El resto de la historia es conocido. Una sangrienta temporada de interdicción casi exterminó a los cárteles colombianos. Los mexicanos tomaron la posta. Simultáneamente pasó la moda de la cocaína en los Estados Unidos y empezó la actual tendencia de las drogas sintéticas [...]

CAPÍTULO 13

Bahamas, ruta directa a la Florida

La ruptura con el gobierno cubano y la disminución del precio de la cocaína en el mercado americano por la excesiva oferta causada por las decenas de toneladas que la CIA introducía cada mes a los Estados Unidos, sumadas a la escalada de violencia del brazo armado del cártel de Medellín, hicieron repensar a Roberto sobre el torbellino en que estaba metido. Los últimos meses había salvado su vida en Cuba y conservado su libertad en Colombia por la gracia del Señor. En la búsqueda de mejores días para sus conciudadanos, en enero de 1983 había puesto toda la carne en el asador, al pactar con los cubanos y americanos, pero los resultados que obtuvo no fueron exactamente los esperados.

De manera paradójica, por un lado había fortalecido en lo económico, con el tráfico de cocaína a través de la isla, a Fidel Castro y a su entorno, que destinaban una pequeña parte de esos dineros para patrocinar a las organizaciones terroristas camufladas con habilidad dentro de los grupos insurgentes maoístas y de izquierda recalcitrante de América del Sur, responsables del secuestro y asesinato de miles de civiles inocentes en el Perú y Colombia. Por el otro, ayudaba con fondos millonarios provenientes del narcotráfico al gobierno americano a luchar contra el régimen comunista de Daniel Ortega en Nicaragua, en el intento de la CIA de derrocar al títere del régimen cubano por medio de los contras. Por último, lo que más le preocupaba era haber enriquecido de tal manera a

Pablo Escobar hasta convertirlo, sin haberlo deseado, en un megalómano sin escrúpulos que no tenía el mínimo respeto por la vida ajena. Tarde se daría cuenta del pequeño gran detalle que a la postre lo separaría en definitiva de esa sarta de gobernantes y narcotraficantes salidos de la nada. A diferencia de ellos, él había nacido en la opulencia, en el seno de una familia que lo crió y educó con disciplina y principios enmarcados en la ética y la moral.

La última semana del mes de julio de 1984, durante los preparativos para el matrimonio de nuestra hija, quien eligió en mi honor el día 3 de agosto, fecha de mi quincuagésimo cumpleaños, para ir al altar, le negamos a Roberto de forma rotunda su deseo de invitar a alguno de sus socios o la presencia de cualquier persona ligada a sus negocios en San Vicente. Aceptó a duras penas nuestra decisión de no querer compartir ese momento de dicha y solemnidad con nadie que no fuesen nuestros familiares y amistades íntimas. Jorge, su guardaespaldas personal, nos pidió una copia de la lista de invitados, que no sobrepasaba las dos centenas, para investigar a cada uno de ellos y de esa manera evitar cualquier incidente.

La tarde anterior a la boda quedé impresionada por el número de hombres uniformados que llegaron en varios aviones y helicópteros a la hacienda. Sobre todo por el gran despliegue de seguridad que montaron. Curiosamente, al día siguiente había más empleados y guardaespaldas que invitados en San Vicente. Poco a poco, la plataforma y el perímetro de la pista de aterrizaje se fueron llenando con el resto de aeronaves que llegaban con nuestros familiares y amigos desde diferentes ciudades del país y del exterior, entre ellos monseñor Brown, quien arribó desde Santa Cruz a petición de la familia del novio y ofició la ceremonia. El último en aterrizar fue Roberto. Descendió de su avión seguido por *Kayán,* un hermoso tigre pinta chica, criado, domesticado y alimentado por mis hijos desde su nacimiento con leche y chocolates.

Para la ocasión, ordené construir el altar delante de la tranquera principal que daba al potrero norte de la hacienda e hice cubrir la plazuela central con un techo de hojas de motacú adornadas de flores exóticas. No dejamos nada al azar. Mis hijos, especialistas en organizar eventos, se encargaron como de costumbre de la música y su padre de la comida y las bebidas. Heidy y yo viajamos al Brasil un par de meses antes para encargar su ajuar en el estado del Çeará e hicimos diseñar en São Paulo su vestido de novia y compramos la vajilla, la cristalería y finas porcelanas como recuerdos de la boda con las iniciales de ella y su futuro esposo grabadas en oro. La torta fue elaborada por reposteros suizos en la ciudad de Cochabamba.

Durante la ceremonia religiosa, un famoso trompetista norteamericano, ya fallecido, entonó un solo con las notas del *Ave María,* y el vals fue interpretado por una orquesta de cámara vienesa. Mientras bailábamos, Roberto, vestido elegantísimo con un esmoquin Armani blanco perla, me dijo en tono de conquista: "¿No te parece que deberíamos casarnos de nuevo? Podemos hacer una fiesta espectacular en Casa de Campo…" No lo dejé terminar la frase: "Se nota que hace rato te olvidaste de Dios y las leyes. Para casarse de nuevo, primero hay que estar divorciado", le respondí, riéndome y haciendo alusión directa a los múltiples comentarios acerca de las ofertas matrimoniales que dizque le hacían a diestra y siniestra las mujeres con quienes salía desde nuestra separación.

En ese momento uno de sus sobrinos aprovechó para consultarle acerca de los misiles a los que hacía referencia un reciente artículo publicado en la prensa nacional. El Rey le respondió: "Es verdad que tengo misiles, sobrino. Si no me creen, pregúntenle a mi Siles… Zuazo", refiriéndose al presidente, con lo que causó un bullicioso festejo y arrancó aplausos de los demás invitados. Al promediar la tarde, se marchó ante el rumor de un supuesto operativo de la DEA y la fuerza antidroga a la hacienda, debido al publicitado casamiento de Heidy. ¡Falsa alarma! Las declaraciones a la prensa que dio el gobierno respecto al motivo de no haber intervenido en San Vicente para arrestar a Roberto durante la boda de mi hija fueron concluyentes: "Eso es imposible. El Estado no tiene argumentos legales ni dispone de los medios bélicos y tecnológicos para arrestar al señor Suárez. Antes de poder realizar una operación de esa magnitud, vamos a tener la capacidad de mandar una misión espacial con un hombre a la Luna".

En el mes de septiembre, después de veinte meses de iniciadas las operaciones con la CIA y tras haber cumplido con la fabricación y el procesamiento de las quinientas toneladas de cocaína convenidas con Oliver North, Roberto dio por finalizado el acuerdo de Panamá. Vanas fueron las gestiones personales que hizo el teniente coronel y la intermediación de Noriega para intentar convencerlo de extender la sociedad con la agencia, como inútiles las amenazas que recibió del gobierno americano.

Los constantes riesgos a que estuvo expuesto desde el inicio de su participación en el tráfico de drogas lo hicieron perderse una serie de inolvidables eventos familiares. No había podido compartir algunos de los momentos más felices de nuestros hijos por estar fuera del país. Pero lo que me parecía imperdonable era que, por haber andado a salto de mata, no hubiese estado presente en el matrimonio de Harold, el 11 de enero de 1984 en Cochabamba, ni en el de Gary, el 29 de septiembre del mismo año en esa ciudad, con la salvedad de que en este último se había marchado contra su voluntad minutos antes de la boda, cuando los detalles sobre la fecha, hora y el lugar elegido por los novios llegaron a oídos de la prensa. Ese día, los titulares de las primeras planas de los periódicos nacionales aludían al matrimonio de nuestro hijo y anunciaban la posible presencia de Roberto durante la ceremonia.

Los primeros días del mes de octubre, el Rey citó de urgencia a Escobar y a los otros miembros del cártel a una reunión en su hacienda Quemalia, a la que acudieron todos sin excepción. A su llegada, Pablo le dijo: "Don Roberto, el Piña está muy incómodo con su proceder y le pide respetuosamente que revise su posición respecto a la continuidad del negocio con la CIA". "No hay nada que revisar, Pelícano, mi decisión está tomada. Esa sociedad no va más", le respondió Roberto, sin darle chance a la réplica, para luego continuar, dejando a todos perplejos: "Pero no los hice volar tantas horas para hablar de los gringos. Lo hice para decirles, mirándoles a la cara, que antes de manchar mis manos con sangre he decidido poner fin a nuestras operaciones en general. Estoy cansado de recibir información acerca de la forma en que sus empleados han estado maleando a mis proveedores y a mis pilotos".

A continuación les mostró una serie de cuadros ilustrativos sobre las nuevas pequeñas líneas de narcotráfico organizadas por sus subalternos, que habían estado operando los últimos meses en el país. "No sé si esto está sucediendo con el consentimiento de ustedes. Si tuviera la certeza de aquello, otro gallo cantaría." Ninguno de los argumentos que esgrimieron ni las explicaciones y soluciones que dieron los colombianos para continuar trabajando, por más válidos que éstos fueran, modificaron la sorpresiva determinación de Roberto. Su decisión llegaba en uno de los peores momentos para el cártel. La arremetida del gobierno del presidente Betancur contra sus instalaciones y laboratorios del Caquetá ya había mermado de manera considerable su capacidad de producción y procesamiento de cocaína. De ahí en adelante, al no contar con el suministro regular de ochocientos kilos de sulfato base que recibían cada dos días del laboratorio del Madidi, incumplirían sus compromisos y sufrirían por el desabastecimiento de sus mercados en Estados Unidos y Europa.

El coletazo de la CIA llegaría dos semanas después. Roberto fue alertado por el gobierno de Siles Zuazo sobre la presión de la embajada americana para que la fuerza antidrogas, con el apoyo de la DEA, realizara un gran operativo en el laboratorio de Villa Mosquitos. Al día siguiente de recibir la advertencia, sus hombres desmantelaron por completo el complejo. Sus aviones y helicópteros lo trasladaron, en el lapso de una semana, hasta los laboratorios del Yata y el Madidi. Cuando los policías antinarcóticos y los agentes de la DEA llegaron al lugar, no encontraron absolutamente nada que lo incriminara. La prensa mostró las imágenes de las pocas instalaciones que seguían en pie, totalmente vacías. Sólo quedaban vestigios de la capacidad de producción y la magnitud del complejo.

Pero nada de eso le importaría demasiado a Roberto. Tres meses antes había realizado una jugada maestra, al sacar el as que tenía escondido bajo la manga. En el mes de junio, durante un viaje que hizo a La Romana, una amiga italopanameña le había hecho excelentes comentarios sobre un joven barranquillero de nombre César Cano, una mezcla de Steve McQueen y Willem Dafoe, a quien apodaban el Mono por el color rubio de su cabello. Rebeca le recordaría haberlos presentado meses antes en una fiesta a la que asistieron invitados por los hijos de Reza Pahlevi en la casa de los descendientes del extinto sha de Persia, en la isla Contadora. Aunque el Rey no recordaba la fisonomía de Cano, por la cantidad de gente que se le acercaba en todo acontecimiento público a saludarlo, la joven le abrió los ojos al decirle que el colombiano era un experimentado transportista independiente de marihuana que tenía muy buenas relaciones con el jefe de gobierno de las Bahamas, donde se movía como pez en el agua por su conocimiento de las rutas y las mañas para introducir la droga en yates y veleros hasta el sur de la Florida. Su voz interior le diría que el costeño era la persona indicada para prescindir de una vez por todas de la intermediación de los colombianos. Debido al volumen y al margen de ganancia, el que trafica con marihuana está dispuesto a transportar cualquier droga, así que decidió pedirle a Rebeca que lo invitara a visitar Bolivia a fines de julio para reunirse con él durante los festejos patronales de Santa Ana.

César llegó a Santa Cruz en la tercera semana de julio. Roby lo esperó en el aeropuerto y lo trajo a almorzar a la casa. Su parecido físico con los actores americanos era impresionante, pero por desgracia tenía lo peor de McQueen y lo mejor de Dafoe. Durante la comida conversamos de todo un poco. Entre otras cosas, nos contó que era propietario de una pequeña empresa de turismo marítimo con base en Miami y que había conocido en fechas recientes a Roberto en Contadora. Por la tarde partió con mi hijo rumbo al Beni para reunirse con su famoso anfitrión en una de sus haciendas. A su llegada, luego de ser reconocido a plenitud por el Rey, el colombiano lo sorprendió al comentarle que un par de años antes había trabajado de manera indirecta para él, cuando Rodríguez Gacha le encomendó recuperar un valioso cargamento de cocaína que sería bombardeado en las costas de la Florida y que por accidente fue descubierto en Nassau. Le contó que los pilotos del cártel tuvieron que aterrizar de emergencia en el aeropuerto internacional de la isla a causa de una tormenta tropical que azotaba casi todo el Caribe y que les hizo perder el rumbo. Antes de quedarse sin combustible, la tripulación decidió aprovechar la escasa visibilidad que aún tenían y aterrizar sin dar parte a los controladores aéreos.

Una vez en tierra se quedaron en la cabecera alejada de la torre de control e intentaron descargar las tulas que contenían la droga bajo una lluvia torrencial. En ese momento aterrizó un avión de la línea aérea local, que los iluminó con sus potentes luces. Al ver al turbohélice con matrícula y bandera colombiana parqueado de forma sospechosa al final de la pista, del cual dos hombres descargaban unas bolsas de lona verde, la tripulación de la aeronave comercial denunció la irregularidad a la torre para que los controladores dieran parte del hecho a la policía. Cuando los pilotos del cártel se dieron cuenta de que habían sido descubiertos, huyeron hacia la ciudad, donde se hospedaron en un hotel haciéndose pasar por turistas argentinos. A la mañana siguiente llamaron a las oficinas de Medellín para dar parte de lo sucedido.

Mientras el Mono hablaba, Roberto recordaría la anécdota que Pablo le contó acerca de ese incidente. A fines del año 1982, Gonzalo mandó a Cano a las Bahamas para que negociara en persona con su amigo, el primer ministro Lynden Pindling, la devolución de la aeronave y su carga. Tras una corta negociación con el jefe de gobierno de las islas, César logró su cometido. El cártel recuperó el avión y los quinientos kilos de droga al pagar la módica suma de tres millones de dólares. ¡Negocio redondo! Ese monto era inferior al precio del Turbo Comander vacío. No cabía la menor duda de que era el hombre indicado que había estado buscando en los últimos años.

Al consultarle Roby la razón por la que no había aceptado las reiteradas propuestas de Escobar y Rodríguez Gacha para trabajar en exclusiva con el cártel, el Mono le dijo: "Llavecita, yo soy de buena cuna, no nací para ser empleado de sicarios venidos a más. Prefiero ganar mi billetico honradamente, metiendo marimba a la Florida por cuenta propia. Con ustedes, viejo Roby, la cosa es diferente". Sólo faltaba ajustar y encajar algunos engranajes para echar a andar la poderosa maquinaria con que contaba el Rey. Al fin acordaron que Cano recibiría la tercera parte de las ganancias por cuadrar con el primer ministro los permisos correspondientes para los aterrizajes, despegues y el reabastecimiento de los aviones de Roberto en los aeropuertos de las Bahamas. El acuerdo incluía el pago de dos mil dólares en efectivo que Lynden Pindling recibiría por cada kilo de droga que tocara sus islas.

En la primera semana de agosto tuvieron todo dispuesto. El laboratorio del Madidi procesaba mil kilos de clorhidrato de cocaína semanales que en origen eran enviados a los Estados Unidos a través de Cuba, para surtir la nueva ruta por las Bahamas, y destinaban la otra mitad para continuar cumpliendo con el cupo asignado al cártel para el mercado europeo. Los pilotos bolivianos utilizaban como puntos estratégicos de reabastecimiento las propiedades que Roberto compró para esa nueva empresa en Colombia y Panamá. La primera escala técnica la hacían en la hacienda La Rinconada, en el departamento colombiano del Amazonas, y la segunda en la finca La Corona, en la provincia panameña del Darién, donde recogían a César. El barranquillero era el responsable de la mercancía de ahí en adelante y de guiar a los pilotos hasta los aeropuertos acordados de manera previa con su amigo, el dueño de Nassau y sus entornos.

Una vez en las Bahamas, con la anuencia del jefe de gobierno, dos flamantes aviones Dornier recién adquiridos por Roberto, matriculados en Francia y con base en Nassau, bombardeaban la mercancía en aguas territoriales americanas. Ésta era recogida por la gente de Cano en sus veleros y yates con bandera estadounidense. Para ahorrarse algunos de los pagos que debían hacer a las autoridades portuarias americanas, utilizaban de forma esporádica un pequeño sumergible artesanal con capacidad para doscientos cincuenta kilos y dos tripulantes en horarios nocturnos, para evadir el control de los helicópteros puestos a disposición por la DEA para la Operation Bahamas and Turks.

El visto bueno de las autoridades portuarias americanas para permitir el ingreso de la droga a las costas de la Florida era de entera responsabilidad del agente de la DEA Richard Fiano, quien repartía con sus subordinados y los agentes de aduana, migración y la guardia costera los seis mil dólares que recibían por cada kilo de cocaína que ingresaba a la Florida. La relación con el agente

Fiano se inició un par de meses después de que Roby salió en libertad. El gringo logró contactar a mi hijo durante las fiestas de carnaval del año 1983 por medio de Glenda, una amiga americana que tenían en común, y vino a Santa Cruz en reiteradas ocasiones con la intención de entrevistarse con Roberto. En la primera reunión que tuvieron en el hotel Los Tajibos, el agente le propuso facilitar el ingreso de los envíos de droga del cártel, pero el precio que pedía de diez mil dólares por unidad era demasiado elevado y no lo necesitaban por el momento. En ese entonces la CIA era la encargada de introducir la droga dentro de los Estados Unidos.

Durante los primeros meses la sociedad con el Mono Cano le permitió a Roberto ser el primer boliviano en introducir y comercializar más de quince toneladas de cocaína pura en el sur de la Florida. La Aguja, mano derecha de César, al mando de un grupo de caribeños, era la encargada de su distribución. El Rey obtuvo en el primer cuatrimestre una ganancia neta de cerca de doscientos cincuenta millones de dólares, más del doble de lo que le habían redituado sus diferentes sociedades en el mismo espacio de tiempo. Pero a partir del mes de noviembre de 1984 el negocio se volvió aún más rentable, cuando rompió su sociedad con el cártel y utilizó los equipos y máquinas que trasladó desde Villa Mosquitos a sus otros dos laboratorios para duplicar la capacidad de éstos. Libre de sus compromisos con los antioqueños, Roberto destinó el total de la producción de clorhidrato de cocaína del laboratorio del Madidi a la ruta directa de las Bahamas e incrementó sus exportaciones de palmito a Francia.

Para las navidades del año 1984 el Rey estaba en la gloria. Los fondos que distribuía La Corporación alcanzaban incluso a las comunidades del occidente del país. El día del cumpleaños de Roby vino a almorzar a la casa. Mi hijo, que acababa de regresar del Brasil, donde había mantenido un fugaz amorío con la actriz colombiana Amparo Grisales mientras ésta filmaba una telenovela en la capital carioca, bromeó de modo continuo durante la comida con sus hermanos sobre los apodos, gentilicios y apellidos de los socios extranjeros de su padre: "¿Se han dado cuenta de que papi no puede vivir sin los Cano? Pablo, el Pelícano, Gonzalo, el Mexicano, Oliver, el Americano, y ahora, para cerrar con broche de oro, César *el Mono* Cano". "Te estás olvidando de los panameños y los cubanos", lo corrigió Roberto. "Papi, eso no rima", dijo Roby. "No rima, mijito, pero es verdad", finalizó el Rey, mientras que todos morían de la risa. En el fondo era patético escuchar hablar a mis hijos de forma tan suelta y desentendida sobre los negocios de su padre, pero en esa época tal era el pensamiento de nuestros gobernantes, familiares, amigos y de la ciudadanía en general.

Todo marcharía estupendamente bien, y la sociedad con César *el Mono* Cano se desarrollaría con normalidad durante trece meses. A mediados del año 1985, el cártel de Medellín se enteró, de boca de un soplón de Rodríguez Gacha en Miami, de que Cano los había pasado por encima y que estaba trabajando en exclusiva y directamente para Roberto, pecado que no pasaron por alto, y aprovecharon para dar una lección ejemplar a todos sus compatriotas. En la segunda semana del mes de agosto Cano fue asesinado, junto a sus guardaespaldas, por una docena de sicarios en la puerta de la casa de su madre en Bogotá. Ante el reclamo telefónico que el Rey le hizo a Escobar cuando se enteró de la muerte del joven barranquillero, éste le dijo: "Don Roberto, aquí no cometemos los mismos errores que usted en su país. Los sapos y los que se quieren pasar de listos terminan tres metros bajo tierra", le respondió Pablo en relación a una supuesta infidencia que el Mono habría hecho en Miami al agente de la DEA Richard Fiano sobre las rutas y frecuencias que utilizaba en ese entonces el cártel para introducir la droga en el sur de la Florida.

El Torazo

Letra y música: Óscar Velarde

Naciste en Santa Ana
te criaste en el bajío
domaste potros salvajes
hasta el toro más bravío

Sos el jichi del Yacuma
un halcón en las alturas
con tu avioneta volando
gambeteabas con locura

Cruzaste muchas fronteras
aun en contra de las leyes
como hombre desafiaste
ministros, reyes y bueyes

Por tu noble corazón
te llamaron Robin Hood
los gringos con rabia dicen
es muy macho, *very good*

Te apodaron el Padrino
y ya te hacen guerrillero
ayudas a mucha gente
en tu trabajo matrero

172

Sos el toro de las pampas
que no permite huacanqui
con mucha honra ganaste
al más poderoso yanqui

Todo el mundo te persigue
por montes y por bajíos
pero el Beni te cobija
por ser su hijo querido.

"Roberto Suárez Gómez, el Rey de la Cocaína de Bolivia"

The Economist, 3 de agosto de 2000

Su gran error fue la celebridad. Para gozar de inmunidad, los narcotraficantes deben ser discretos. A Roberto Suárez Gómez le gustaba presumir lo suyo. De por sí era vergonzoso para sus protectores en los altos puestos del gobierno boliviano que lo apodaran el Rey de la Cocaína, pero les resultó imposible seguir haciendo la vista gorda de sus operaciones cuando éste alardeaba con lujos y actos filantrópicos sus ganancias malhabidas.

Él financió reparaciones de templos, pavimentó las calles de pueblos miserables y construyó canchas de futbol para jóvenes de la calle [...] Otros narcotraficantes, de manera intencional o inadvertida, también han adquirido visibilidad ante la opinión pública, y al igual que Suárez Gómez, que estuvo encarcelado durante ocho años, muchos de ellos han pagado las consecuencias. A la DEA no le agrada la impresión de ineficacia que ha dado en su propio patio trasero, por lo que tanto la Casa Blanca como el Departamento de Estado presionan de manera incesante a los gobiernos del hemisferio occidental para que actúen contra los narcotraficantes más prominentes.

Algunos ejemplos destacados son los líderes de la primera generación del cártel de Medellín, en Colombia, que tuvieron desenlaces espinosos: Gonzalo Rodríguez Gacha y Pablo Escobar cayeron ante las balas. Carlos Lehder Rivas se encuentra encarcelado de por vida en Estados Unidos. Los miembros de la cúpula del rival cártel de

Cali se encuentran presos o muertos. Amado Carillo Fuentes, el "gran señor" en México, murió de manera sospechosa durante una cirugía plástica.

¿Por qué Suárez Gómez se interesó en los negocios sucios? A diferencia de la plebe del cártel de Medellín, él no tenía el pretexto de escapar de la pobreza, ya que provenía de una familia adinerada que forma parte de la élite boliviana y goza de prestigio social, influencia y riqueza [...]

CAPÍTULO 14

El ocaso del imperio

Durante la última reunión que sostuvimos en Santa Cruz el 3 de julio, del año 1985, antes de salir de mi casa rumbo a la capilla Jesús de Nazareno para el matrimonio de nuestro hijo Roby, noté, mientras conversábamos, que el brillo fulgurante en su mirada de otros tiempos se había opacado por la tensión nerviosa y la lucha interior con que vivía en los últimos meses. Nadie lo conocía mejor que yo. Nunca se perdonaría haberse involucrado en el narcotráfico, aunque entendía, motivado por su alta sensibilidad social, que los fines justifican los medios cuando se trata de alcanzar objetivos loables. Quiso y en gran manera logró ayudar a los más pobres y desamparados del país, usando los recursos que genera la hoja sagrada de los incas: la coca.

El mayor de mis hijos fue el último en casarse. Mientras subíamos a una de las limosinas para ir a la iglesia, Roberto me dijo en tono de picardía: "Estoy exhausto, Negra. No voy a asistir a la fiesta en el Club Social. Sólo voy a acompañar a mi hijo hasta la entrada de la iglesia. Habrá demasiada prensa y no quiero quitarles el protagonismo a los novios. Ya festejaremos al regreso de su luna de miel". "Sabia decisión, Roberto. No vaya ser que al gobierno que está de salida se le ocurra ganarse un poroto con los gringos que andan al acecho y nos agüe la fiesta", le respondí, mientras él sonreía y decía intentando tranquilizarme, al mismo tiempo que dirigía su mirada hacia los carros repletos de guardaespaldas que nos protegían: "Para hacer eso, hay que tener lo que ponen las gallinas".

Cuando la fiesta terminó y me despedí de mi hijo y mi nuera antes de que partieran a su viaje de bodas, recordé el día en que Roberto y yo partimos de luna de miel a las lejanas costas del noreste brasileño, siguiendo la ruta de la goma. Una de nuestras breves escalas fue Manaos, ciudad ubicada en el corazón de la Amazonía del Brasil, a orillas del río Negro. Allí nos reunimos con algunos amigos de mi esposo y familiares de los otrora empleados de la Casa Suárez. Al llegar a nuestro destino final, en el estado de Pará, y admirar desde el aire la desembocadura del río Amazonas al océano Atlántico, quedamos estupefactos ante la maravillosa escena que teníamos ante nuestros ojos. Las turbias y feroces aguas del Amazonas se adentraban kilómetros mar adentro para mezclarse con las cristalinas aguas del Atlántico.

Fueron dos semanas inolvidables. Belém era una ciudad mágica, a pesar del calor insoportable, que sólo disminuía por las cortas y torrenciales lluvias en esos meses del año. Su arquitectura dejaba ver los rastros del imperialismo europeo y los resabios de la época dorada de los señores de la goma. Asistimos a varias invitaciones en honor a nuestra visita en casas y propiedades de antiguos colaboradores y asociados de la familia Suárez, quienes nos hicieron conocer las dependencias donde funcionaba el antiguo imperio gomero. Aprovechando nuestra estadía en el noreste brasileño, decidimos realizar el viaje de vuelta en el yate de unos amigos de Roberto, de apellido Borelli, bordeando el litoral hasta llegar a las costas del estado de Pernambuco. Nos quedamos una semana en Recife para estar solos y descansar de los compromisos sociales. Sus canales y la exuberante vegetación convertían a la ciudad en la Venecia amazónica y le daban el marco perfecto a nuestro romance.

Durante la travesía marítima Roberto se llenaba la boca contándoles a nuestros amigos la historia sobre cómo la hija de su tío bisabuelo Nicolás Suárez se había salvado de perecer ahogada en el hundimiento del *Titanic*. Judith Suárez Arias y su familia adquirieron, mediante sus empleados en Londres, pasajes en exclusivos camarotes de primera clase con paseo privado en la cubierta B para el viaje inaugural del lujoso trasatlántico, que zarparía del puerto inglés de Southampton el 10 de abril de 1912. Se embarcaron en Buenos Aires con antelación para ese singular propósito. Por avatares del destino, el vapor que los trasladaba sufrió una avería en la caldera principal, que motivó su reparación en el puerto de Lisboa. Llegaron a Londres dos días después de la partida del *Titanic*. Como era de esperar, ella responsabilizó al capitán del navío italiano que los había trasladado desde la Argentina por el retraso de más de una semana en la travesía. Lo culpó en público por no haber podido embarcarse, pero su enojo duró sólo hasta que se enteró del hundimiento del famoso navío. Los empleados de los hermanos Suárez buscaron por mar y tierra al capitán, de apellido Secchi, hasta encontrarlo en el puerto francés de Calais. Por orden de Nicolás le entregaron el importe de los pasajes que la naviera White Star les devolvió, suma que superaba las diez mil libras esterlinas. Fue su recompensa por salvar de modo indirecto la vida de su hija y la de sus nietos.

Mis preocupaciones sobre el futuro legal del padre de mis hijos parecieron llegar a su fin el 6 de agosto de 1985, con la asunción al poder, por cuarta vez, del doctor Víctor Paz Estensoro, con quien Roberto y sus hermanos mantenían una antigua y estrecha relación de amistad, a pesar de la enemistad surgida en el mes de agosto de 1953 entre el estadista y los hijos del Rey de la Goma. Luego del triunfo de la revolución obrera, en el año 1952, el plan de reforma agraria del primer gobierno de Paz Estensoro revirtió al Estado seis millones de hectáreas de propiedad de la familia Suárez Arias. En el mes de agosto del año 1962, durante el segundo mandato presidencial del jerarca del Movimiento Nacionalista

Revolucionario (MNR), mi esposo fue elegido subprefecto de la provincia Yacuma, cargo político que desempeñó con eficiencia y valentía por el lapso de dos años. Al día siguiente de su nombramiento viajamos a la ciudad de La Paz para asistir al acto de posesión de mi cuñado Hugo, el hermano mayor de Roberto, quien fue nombrado ministro de Estado en la cartera de Agricultura del flamante gabinete del gobierno de Paz Estensoro.

La violenta muerte de César Cano en la flor de su juventud, quien exhaló el último aliento de vida y murió en brazos de su madre a las nueve de la mañana del día domingo 11 de agosto en la acera de su casa, causó hondo pesar en Roberto y lo hizo tomar al fin la difícil decisión de retirarse en definitiva del negocio de las drogas, cansado de tantas traiciones y amargas decepciones que sufrió durante los seis años que duró su reinado. Nadie pensaría que el despiadado asesinato del joven barranquillero sería sólo el primero de dolorosos acontecimientos aún peores que sufriría el Rey en los años venideros.

Mientras que sus hermanos ultimaban en La Paz los detalles para lograr un pacto de no agresión y respeto mutuo con el nuevo gobierno del doctor Víctor Paz Estensoro, él debería reunirse con el representante de la firma francesa Miroir, S. A., para desatar el último nudo que lo amarraba al narcotráfico. Llamó a Reginald Bouchard a Marsella para comunicarle su decisión y lo invitó a la República Dominicana para hacer números y poner al día sus cuentas. Antes de su viaje, vendió la fábrica del Yata a una familia de Riberalta y desmanteló el laboratorio por completo, de seguro para no caer en la tentación de continuar exportando palmito enlatado al país galo.

En Casa de Campo se reunió con sus testaferros de Miami y las Bahamas para poner en orden la documentación de sus bienes. A su regreso, aprovechó su paso por Medellín para transferir algunas propiedades y aeronaves que tenía regadas por aquí y por allá.

Allí esperó con paciencia a que sus hermanos terminaran las gestiones iniciadas con el gobierno de La Paz antes de su viaje y que le dieran luz verde para volver a Bolivia. Al cabo de una semana recibió una llamada de Roby para darle la buena noticia: "Ya estuvo, papacito, mis tíos dicen que puede regresar cuando quiera. La única condición que ha puesto el presidente para no molestarlo es que no vuelva ni siquiera a mirar un gramo de cocaína. Le aconseja que se dedique de pleno a la administración de sus haciendas y mantenga un perfil bajo. Me olvidaba. Dicen que también les ha pedido que no aparezca en la prensa por un buen tiempo". La respuesta del gobierno era mejor de la que él esperaba. Lleno de alegría, le respondió: "Decile a tus tíos que le aseguren al doctor Paz Estensoro que no se arrepentirá. Tiene mi palabra de honor de que cumpliré todas sus condiciones al pie de la letra. No se me ha cruzado por la cabeza seguir llevando esta vida. Yo no nací para esto, mijito".

Tenía sobrada razón. En efecto, Roberto no había nacido para eso. Pudo haber sido un excelente político y líder nacional, o el mejor actor del mundo, menos hampón. Siempre veía sólo el lado bueno de las personas y, sobre todo, depositaba su fe y creía en ellas. Al día siguiente de su llegada a Santa Cruz, llamó a nuestros hijos para invitarlos a cenar a su casa. Durante la comida les pidió perdón y se comprometió a llevar una vida digna y tranquila de ahí en adelante. Una semana después, queriendo emular a Nerón cuando incendió Roma, prendió fuego al laboratorio del Madidi mientras un trío de músicos interpretaba sus valses peruanos preferidos. Según él, allí arderían sus errores pasados y podría mirar a su familia y amigos erguido y con la cabeza en alto. Su patriotismo desmedido lo había empujado a intentar pagar la deuda externa del país aceptando la propuesta que le hicieron García Meza y Arce Gómez en el mes de enero de 1980 para que tomara las riendas del narcotráfico. Su decisión evitó que padrinillos intermediarios de los capos colombianos, ignorantes y sin escrúpulos, proliferaran por doquier y generaran una violencia que habría afectado nuestro estilo de vida tranquilo y pacífico. Pero sus planes no dieron los frutos que él esperaba para el país ni los bolivianos. Los mayores beneficiarios de las millonarias ganancias generadas por el tráfico de drogas no fueron los pobres, sino para los gobernantes de los países involucrados, los militares, los policías, las agencias antidrogas y de inteligencia bolivianas y norteamericanas, y los políticos de siempre.

"El Rey de la Coca y yo"

Vanity Fair, marzo de 2010

A mediados de 1993, me encontraba de vacaciones en casa de mis padres en Cochabamba (Bolivia) cuando recibí el llamado de Gary, un amigo que me proponía revisar el manuscrito de las memorias de su padre. Me interesé de inmediato: el padre de Gary, Roberto Suárez Gómez, había sido a principios de 1980 el narcotraficante más importante de Bolivia [...] El eco de su fama llegó a la cultura popular: Alejandro Sosa, el narcotraficante que le surte la droga a Tony Montana en *Scarface*, está basado en Roberto Suárez [...]

Así fue como, durante un par de semanas, visité a Roberto Suárez. Yo leía en un sillón mientras él daba vueltas en torno mío; a un costado, un secretario de don Roberto —supuse que era quien había transcrito las memorias— ordenaba papeles en una mesa. A veces acompañaba a don Roberto a tomar el té, y observaba cómo encendía su cigarrillo y dejaba que se consumiera para luego comerse la ceniza: decía que estaba llena de potasio y era buena para su corazón, que le daba problemas desde fines de los setenta. Escuchaba sus teorías extrañas: era un próspero ganadero —veintidós estancias en el Beni, treinta y cinco mil novillos— que se había metido al narcotráfico en 1979 por un encargo divino: Dios le había revelado que la hoja de la coca era un recurso estratégico que no debía regalarse a los extranjeros [...]

Tuve miedo del momento en que debía darle mi crítica literaria: sus ojos color miel me fulminarían. Pero lo hice. Le dije que era entendible que él no quisiera ser recordado como un narcotraficante, pero que si una editorial extranjera se interesaba en su vida, no era por el hecho de haber sido el principal exportador de ganado al Brasil. Estaba bien contar que había financiado el golpe de García Meza en 1980, impresionaba enterarse [de] que los militares en el poder habían convertido al gobierno en una narcodictadura (gracias a la alianza de Suárez con ellos, eran aviones militares los que despegaban del Beni llevando el cargamento de pasta base a Colombia), pero había que ser más preciso con los nombres y las fechas.

Don Roberto me escuchó y no dijo nada. Entendí que su fortaleza física era una apariencia: en el fondo estaba cansado. Quizás recordaba sus momentos de gloria, cuando gastaba parte del dinero que le entraba a raudales en escuelas y postas sanitarias para los pueblos más alejados del oriente boliviano (gracias a esos gestos, la revista *Time* lo había bautizado como un "Robin Hood de hoy"). Me despedí pensando en su destino atormentado [...]

CAPÍTULO 15

El Consejo Nacional de la Coca

A partir del retiro del Rey, el precio de la cocaína en el mercado interno cayó de forma vertiginosa debido a la gran oferta reinante en el país, a raíz del vacío que causó la completa paralización y posterior desaparición de los laboratorios del Yata y del Madidi. En el Chapare, región donde se cultiva la coca de forma masiva, casi en exclusiva para ser usada en la fabricación de pasta bruta, contra lo que sucede con las hojas de coca de los Yungas, utilizadas en su mayoría para mascar, acción conocida en los países andinos con el nombre quechua de *acullico*, la población de Shinahota y otras poblaciones aledañas del trópico cochabambino se convirtieron de la noche a la mañana en inmensos mercados callejeros de pasta y sulfato base, donde la droga se vendía a vista de propios y extraños a precios irrisorios. La profecía de Roberto se hizo realidad mucho antes de lo previsto. Los bolivianos, dueños de la materia prima, nos habíamos convertido en empleados y simples comisionistas de los cárteles colombianos, sobre todo de los mexicanos, quienes de forma paulatina fueron ganando espacios hasta hacer casi por completo a un lado al resto y quedarse con la mayor parte del negocio.

¡El rey ha muerto, viva el rey! En las principales capitales del país aparecieron centenares de nuevos ricos, quienes se jactaban en público, en calles y plazas, de ser los herederos de su reinado, despilfarrando enormes sumas de dinero con una facilidad increíble. Los asesinatos y los arreglos de cuentas a punta de bala a plena luz del día serían de ahí en adelante titulares cotidianos en la prensa nacional. Roberto recibía de Escobar continuas quejas a nombre de sus ex socios antioqueños, acerca de los robos y asaltos que sufrieron en los meses posteriores a la rescisión de sus contratos, que ocasionaron la muerte de decenas de pilotos colombianos, gran cantidad de aviones incendiados y enterrados para esconder cualquier huella de su presencia en sus propiedades y la pérdida de cientos de millones de dólares a manos de los nuevos narcotraficantes bolivianos. La única respuesta que obtenían del Rey cada vez que llamaba con el mismo cuento era: "A llorar al cementerio, Pelícano. Ustedes se lo buscaron. Yo siempre les dije que lo barato cuesta caro".

Ésa fue la razón para que la metodología del negocio cambiara y el narcotráfico se adecuara a los nuevos tiempos. Para evitar ser asaltados en cada envío de remesas, minimizar los riesgos de ser estafados y garantizar sus operaciones, los narcotraficantes colombianos optaron por intercambiar "rehenes" con sus pares bolivianos. Estos "rehenes" eran, por lo general, familiares de los dueños del negocio. Muchos de ellos perdieron la vida ante el incumplimiento de alguna de las partes, mientras que otros se pasaron de vivos al querer suplantar a un hermano o pariente cercano con algún indigente o inválido que no era reclamado más.

Asqueado de tanta podredumbre, y contemplando su imperio desmoronarse en pedazos, no podía cruzar los brazos mientras el precio de la hoja de coca bajaba hasta alcanzar niveles inimaginables. Miles de niños "polillas" deambulaban por las avenidas y los anillos de circunvalación de todas las ciudades bolivianas, viviendo en las calles y durmiendo bajo los puentes dopados con los "pitillos", una mezcla de tabaco y pasta base de cocaína que compraban en cajas de fósforos con sólo cuarenta pesos, equivalentes en esa época a dos dólares americanos. Con base en una de sus teorías de que para ganar la guerra contra las drogas bastaba que los países consumidores de cocaína del primer mundo simplemente compraran el total de la producción de hojas de coca en el país, en vez de invertir en oscuras y corruptas acciones de interdicción y hacer con estas hojas lo que les viniera en gana, Roberto decidió crear un mecanismo con esas características para frenar en seco el descalabro total que se avecinaba. En el mes de septiembre de 1985 contrató una firma consultora sueca y creó la primera organización no gubernamental de Bolivia, financiada en su totalidad con fondos propios: el Consejo Nacional de la Coca (Concoca), fundación para la defensa y conservación de la coca, bajo la dirección de Jorge Hurtado, un defensor incansable de la hoja milenaria.

El Rey de la Coca, como empezó a llamarlo la prensa nacional, había recibido informes confidenciales y copias de filmaciones oficiales, enviados desde Miami por su amigo Alfonso Robelo, sobre experimentos secretos que el Departamento de Agricultura americano y dos prestigiosas universidades de aquel país estaban realizando en los estados de California y Arizona. Los científicos gringos cultivaban en invernaderos miles de plantas de coca llevadas desde Bolivia y les creaban microclimas artificiales similares a los de las regiones subtropicales del Chapare y los Yungas. Los resultados que obtuvieron al cabo de los años en ambos experimentos fueron desastrosos. El contenido de alcaloide de las hojas de esas plantas y de las híbridas que crearon era infinitamente inferior al de las originarias bolivianas. Los bioquímicos gringos necesitaban una cantidad astronómica de aquellas hojas para producir un kilo de sulfato base de cocaína. Según las conclusiones a que llegaron los científicos y agrónomos americanos encargados de las investigaciones, en agricultura, la ubicación geográfica de la planta es preponderante en cualquier tipo de cultivo.

El 29 de septiembre, durante la cena de celebración de los veinticinco años de nuestra hija, nos dijo: "Estos gringos nos quieren hacer lo mismo que les hicieron sus abuelos ingleses a los míos con la goma amazónica", en relación a las miles de semillas del árbol del caucho que se llevó la corona inglesa a fines del siglo XIX, de las cuales sus agrónomos desarrollaron cientos de miles de plantines para las plantaciones industriales de sus colonias asiáticas. Luego finalizó su retórica diciendo: "Lo que más le preocupa al gobierno americano no es la fuerte adicción de su pueblo a las drogas, sino la millonaria fuga de divisas que les ocasiona el narcotráfico y, lo que es peor, no reciben un solo centavo de impuestos por ese concepto".

La fundación pagó costosos estudios realizados en laboratorios europeos de renombre mundial sobre las aplicaciones medicinales, nutritivas y comerciales de la hoja sagrada. Los resultados fueron asombrosos. La coca no sólo servía para la fabricación de cocaína. Sus propiedades eran ilimitadas y se usaba desde el siglo pasado en la fabricación de anestésicos de la misma manera que la Coca-Cola en su fórmula original, adictiva y secreta.

El primer año el Rey de la Coca creó importantes industrias, para las cuales importó costosa maquinaria para la elaboración de licor de coca, pasta dental, goma de mascar y un sinfín de productos elaborados con la hoja de los incas, que tuvieron una relativa aceptación en los mercados de los países andinos. Al cabo de tres años, Roberto había invertido millones de dólares en la compra de hojas de coca, con lo que logró subir, desde que puso en práctica su hipótesis, el precio de la misma ante la creciente demanda y encareció a la vez el kilo de droga en el país. Ante los resultados inmediatos y positivos que alcanzó su teoría, ésta fue tomada en serio y resultó motivo de estudio y análisis por algunos países de la comunidad internacional, sinceros en su deseo de eliminar de una vez por todas el flagelo del narcotráfico. La fundación cerró sus puertas cuando Roberto se entregó a las autoridades bolivianas y el gobierno nacional endureció las políticas de erradicación de la coca.

Así estaban las cosas después de que Roberto se retiró del narcotráfico. A partir del mes de agosto de 1985 una infinidad de extranjeros, muchos de ellos de nacionalidades americana, colombiana y mexicana, buscaron y asediaron a mis hijos con propuestas de toda índole. Gracias a Dios, y a los valores morales con que habían sido criados, no aceptaron ninguna de ellas, sobre todo cualquiera que tuviese relación con el tráfico de cocaína. Pero tanto va el cántaro al agua, hasta que se rompe.

Por desgracia, la predicción hecha por Rodríguez Gacha en San Vicente durante el cumpleaños de Roby, en diciembre de 1982, sobre la venganza que urdiría el gobierno americano para resarcirse con creces ante la comunidad internacional de la humillación pública que sufrió la DEA con la declaración de inocencia de mi hijo, además de las amenazas que profirió la CIA contra todos los miembros de mi familia luego de que Roberto se negó a renovar el acuerdo de Panamá, se harían realidad. Ante la negativa de mis hijos de involucrarse en cualquier actividad ilícita, un supuesto grupo de inversionistas cubano-americanos logró entrevistarse en la ciudad de Panamá con el esposo de mi hija, Gerardo Caballero Salinas, un conocido empresario boliviano descendiente del ex presidente Agustín Morales Hernández. Éstos le propusieron tomar las riendas del negocio que había dejado su suegro, tentación a la que al final no se resistió por las millonarias ganancias que le fueron prometidas. La idea de convertirse en el sucesor de Roberto terminó por seducir a mi yerno.

Es increíble la manera en que las historias que parecen sacadas de telenovelas melodramáticas se repiten en las familias a la vuelta de la esquina. Por desgracia, Gerardo mantuvo frecuentes reuniones preparatorias en Panamá y Santa Cruz con los supuestos narcotraficantes y contactó a los ex empleados y proveedores de Roberto para tomar el control del negocio. Pasaron ocho meses hasta que estuvo listo para realizar el primer envío de quinientos kilos de clorhidrato de cocaína a los Estados Unidos, con escala en Panamá. Vanos fueron los intentos que hicieron las pocas personas que estaban al tanto de sus intenciones para disuadirlo de seguir adelante con el sospechoso negocio.

La aeronave americana que vino a recoger la droga a Bolivia retornó al istmo peninsular con su carga sin mayores inconvenientes. Cuando mi yerno se disponía a abordar un vuelo de Eastern Airlines con destino a Kingston, Jamaica, fue secuestrado por agentes de la DEA, quienes actuaban extraterritorialmente y en contravención a toda norma jurídica y tratado internacional. Lo mantuvieron detenido e incomunicado durante dos días en una casa de seguridad de la agencia, sin dar parte a las autoridades panameñas, por temor a que Roberto moviera sus influencias con el gobernante de aquel país para lograr su liberación. Al tercer día lo embarcaron en un avión con rumbo a un pequeño aeropuerto en el estado de Virginia. Allí Gerardo fue acusado y juzgado junto a otras doce personas, a quienes no conocía, y sentenciado a veinte años de prisión. Los quinientos kilos de droga boliviana desaparecieron una vez más como por arte de magia y la justicia americana fue engañada y burlada de nuevo por sus propios agentes.

La defensa se equivocó de crin a cola en su estrategia de pretender demostrar su inocencia, al aducir, con la anuencia de Roberto, que mi yerno había sido forzado por su suegro a hacerse cargo de sus negocios. Era más fácil decir la verdad. Gerardo había sido seducido por los agentes encubiertos de la DEA con la promesa de que ganaría millones de dólares en un santiamén. Los abogados defensores le hubieran conseguido una condena menor si hubieran mostrado al jurado los videos con las grabaciones obtenidas ilegalmente por los gringos en una de las habitaciones del hotel Marriot de Panamá, en las que le ofrecían abundantes ganancias a un exitoso hombre de negocios, sin antecedentes penales, para inducirlo a delinquir. Esa figura jurídica se llama *en-*

trapment y es penada por las leyes americanas. Mi hija, que estaba embarazada, lo apoyó moral y económicamente y estuvo al lado del futuro padre de su hijo durante el proceso, pero terminaron por divorciarse al año siguiente. No pudo perdonar que su marido le hubiese mentido y se hubiera involucrado en el mismo negocio que su padre.

"Capturan a capo de la droga boliviano"

The New York Times, 22 de julio de 1988

La policía boliviana capturó a Roberto Suárez Gómez, considerado uno de los mayores traficantes de cocaína de América del Sur, tras una incursión por la jungla que llevó toda la noche con el objetivo de sorprenderlo en su rancho, informó el ministro del Interior de ese país.

En Miami, el asistente de la fiscalía estadounidense Richard D. Gregorie declaró: "Es el mayor productor de cocaína del mundo, con la mayor extensión de plantaciones de hoja de coca".

El ministro dijo que Suárez Gómez será trasladado vía aérea a la capital, La Paz, desde Trinidad, a donde fue llevado tras su aprehensión, el pasado miércoles en la mañana, en uno de sus cinco ranchos, ubicado en el corazón de la región tropical del noreste del Beni.

De cincuenta y seis años de edad, Suárez Gómez es buscado en Miami por cargos de narcotráfico. Las autoridades lo conocen como el Padrino del tráfico ilegal de cocaína boliviana, así como el mayor proveedor de drogas del cártel de Medellín, en Colombia [...]

Se dice que, hasta ahora, Suárez Gómez utilizaba su dinero y sus influencias para comprar su libertad. Él mismo ha reconocido en público haber pagado a miembros de la política y la policía.

En 1980, de acuerdo con la Comisión de Derechos Humanos de Bolivia, financió el golpe que derrocó al gobierno civil para instaurar un régimen de derecha que contrató a mercenarios italianos y alemanes para sembrar una campaña de terror.

CAPÍTULO 16

La entrega de Roberto

Mis hijos dieron vuelta a la página y continuaron administrando nuestras haciendas ganaderas, la línea aérea de carga y pasajeros Transalfa, la implementación de la primera red privada de televisión Galavisión y las demás empresas que manejaban a través de la Corporación Suárez Levy. Su padre vivía entre Santa Cruz y el Beni con relativa tranquilidad. Las autoridades parecían haberse olvidado de él. En el mes de mayo de 1988, las cadenas de televisión nacionales y extranjeras dieron a conocer un video que contenía imágenes sin editar y sin audio que habían sido filmadas en reuniones que sostuvo Roberto antes de las elecciones presidenciales del año 1985 con dos hombres fuertes de Acción Democrática Nacionalista (ADN), partido político fundado en el año 1979 por el ex presidente de la República Hugo Banzer Suárez. En ese video se podía ver, compartiendo de manera animada con el Rey de la Cocaína en una de sus casas de Santa Cruz de la Sierra y en su hacienda Quemalia, en el departamento del Beni, al ex ministro del Interior Alfredo Arce Carpio y al general Mario Vargas Salinas, ex ministro de Trabajo del gobierno de facto del general Banzer Suárez en el periodo 1971-1978. La cinta había sido entregada al gobierno y a los medios de comunicación por uno de los testaferros de Roberto a cambio de la secretaría general del consulado boliviano en Moscú. Ésta fue bautizada por la prensa con el nombre de "narcovideo", con lo que se demostraban

195

una vez más, con toda claridad, los nexos de los políticos de turno con el narcotráfico.

La Comisión de Gobierno y Policía del Congreso de la Nación fue la encargada de investigar ese asunto y citó a declarar a Roberto en la ciudad de La Paz, en su afán de esclarecer los motivos de dichas reuniones. Ante la imposibilidad de que el Rey se presentase en la sede de gobierno, lo hizo Roby en su nombre. Los resultados fueron alarmantes: dos presidentes de la citada comisión fueron destituidos apenas comenzadas las sesiones, cuando mi hijo demostró que ellos también tenían vínculos con su padre. La prensa, acostumbrada a la hipocresía y las cantinfleadas de los políticos, quedó deslumbrada ante la honestidad de Roby y dio más importancia al aspecto físico de mi hijo y a la elegancia de sus trajes italianos que al video en cuestión. La comisión investigó hasta donde le fue permitido, sin llegar a conocer jamás los compromisos hechos por esa fuerza política con Roberto. En honor a la verdad, debo confesar que ésa no fue la primera ni la última reunión que mi marido mantuvo durante su vida, antes y después de su paso por el narcotráfico, con presidentes, ministros, congresistas y candidatos de todos los partidos políticos, comandantes militares y policías. Éstos acudían a pedirle ayuda financiera a cambio de generosas ofertas de cobertura oficial para su ilícito negocio, sobre todo cada vez que necesitaban dinero para gastos públicos o personales.

La tarde en que la comisión congresal puso punto final a las sesiones investigativas, Roby fue invitado a hablar acerca del famoso narcovideo por el periodista Cucho Vargas en un programa que se emitiría esa noche en vivo por la cadena televisiva Radio Televisión Popular (RTP), propiedad de Carlos Palenque. Por intermedio de mi hijo, el conductor del programa se comunicó vía telefónica con Roberto, quien con desacierto, y sin que mediara motivo alguno, rompió su compromiso de silencio con el presidente. Acusó a la coalición de gobierno de Paz Estensoro y Banzer Suárez, además de todos los anteriores gobernantes del país desde finales de la década del setenta, de ser y haber sido cómplices del narcotráfico bajo la protección de la CIA y la anuencia del gobierno de los Estados Unidos de América, supervisada por medio de su embajada en el país.

El canal de televisión fue clausurado en las primeras horas del día siguiente por apología del delito, pero ante las protestas callejeras que más de cien mil personas realizaron durante meses, condenando la acción gubernamental, el Ministerio de Comunicaciones autorizó su reapertura. Esta acción defensiva del medio televisivo, realizada en su mayoría por personas de escasos recursos, le abrió los ojos a Palenque, quien al ver el apoyo que tenía en la ciudad de La Paz fundó el partido político Conciencia de Patria (Condepa) y se convirtió en el primer líder populista del país, al ocupar espacios de poder en la política nacional hasta su muerte, en el año 1997.

En los últimos años mis hijos y yo habíamos vivido sufriendo las consecuencias del pasado. Los allanamientos a nuestras casas y propiedades por la policía nacional continuaron de forma esporádica, aun a sabiendas de que yo estaba separada de Roberto desde el año 1981. La Fuerza Antidroga sabía mejor que nadie dónde encontrarlo, pero cobardemente actuaban de ese modo para seguir con la farsa ante los ojos del mundo. Mis hijos soportaron una serie de injusticias en varios aeropuertos internacionales por el solo hecho de apellidarse Suárez, hasta que su padre, contrariando sus deseos, decidió entregarse.

Después de las declaraciones que el Rey hizo a través de la cadena televisiva, al gobierno no le quedó otra cosa por hacer que comenzar una persecución ficticia, en la que sólo allanó una de sus propiedades en la tercera semana del mes de junio de 1988. Obviamente Roberto fue alertado por sus contactos gubernamentales y no esperó la llegada del reducido grupo de policías que aterrizó en la hacienda Quemalia. De inmediato sus hermanos iniciaron las gestiones para recomponer las resquebrajadas relaciones con el presidente. Después de un mes de negociaciones, sus vínculos con el gobierno se vieron fortalecidos ante la promesa del Rey de entregarles las cintas que contenían el audio de las conversaciones del narcovideo, que habrían sido de gran utilidad para el partido oficialista durante los comicios que se avecinaban. Pero cuando mejor estaban las cosas, de manera inexplicable Roberto dio un giro de ciento ochenta grados en su resolución y la noche del 18 de julio les dijo a sus hijos lo siguiente, durante una comunicación radial: "Anoche tuve una visión y he recibido un mandato divino. Tengo todo listo para irme a La Paz".

Al día siguiente, muy temprano, mis hijos volaron al Beni para reunirse con él. Al llegar a la hacienda El Sujo, ubicada a cinco minutos de Quemalia, su padre los recibió acompañado sólo por dos de sus hombres, mientras les contaba: "He licenciado indefinidamente al resto de mi cuerpo de seguridad. Sólo necesito a Remberto y a Lalo para que vayan conmigo mañana hasta La Paz. De ahora en adelante me protegerán, aunque no sé de quién, mis amigos de la policía nacional".

Luego les habló acerca de la visión que tuvo dos noches antes, mientras oraba a nuestro creador, contemplando el maravilloso cielo beniano, cuando caminaba como todas las noches por la pista de aterrizaje de la hacienda: "La luz de la luna reflejó en las gotas de la suave llovizna que caía antenoche el rostro de nuestro Señor. Él me ha dado el mandato de entregarme".

Mis hijos escucharon atónitos sus palabras. No podían creer lo que Roberto decía: "Papi, eso es peligroso. Los gringos siguen molestos con usted. Han jurado no descansar hasta verlo pudrirse tras las rejas en los Estados Unidos", replicó Roby, pero su decisión era terminante. "He cambiado los términos del arreglo con el gobierno. El presidente se compromete, por intermedio de mi hermano, quien está seguro de que el MNR ganará los próximos comicios y conservará el poder hasta el año 1993, a que bajo ninguna circunstancia permitirá que sea extraditado por los gringos y no tocará ni una sola paja de nuestras haciendas." Luego continuó: "El gobierno me ofrece todas las garantías y seguridades al respecto, además de las comodidades en la sede de gobierno para cumplir una condena menor. Ante la falta de pruebas en mi contra, me han endilgado la de un homónimo, Roberto Suárez Gandarillas, natural de Sucre, quien habría hecho una transacción de mil ochocientos gramos de cocaína con un soplón de la policía de apellido Mamani hace dos años en Quillacollo. Si no cumplen, ustedes sabrán qué hacer", finalizó, sin permitir que se hablara más del asunto.

Durante el almuerzo, Roberto se comunicó por radio con el emisario del gobierno, de quien se despidió diciéndole: "Esta noche, en el último contacto, le daré las coordenadas de mi posición y lo esperaré al amanecer con todo listo para partir de inmediato". Inútiles resultaron las súplicas de mis hijos, así como el llanto de mi hija, para que revisara o modificara su determinación: no había vuelta atrás. A las cuatro de la tarde ellos regresaron a Santa Cruz con los ánimos por los suelos, seguros de que su padre no había estado bromeando sobre tan delicado tema.

Los soldados de la Unidad Móvil de Patrullaje Rural (Umopar), al mando del capitán Ortega, llegaron a El Sujo en la madrugada del día miércoles 20 de julio como habían acordado, mientras que Roberto aguardaba su llegada acostado en una hamaca, conversando con Remberto y Lalo. Los recibió saludándolos: "Buenos días, jóvenes, los estaba esperando. Hay café, chocolate caliente y horneado beniano para que desayunen". Luego de servirse la suculenta merienda, el capitán llamó al piloto del helicóptero de la FAB que se encontraba en Quemalia y le ordenó que se trasladara a El Sujo. El Rey y sus dos fieles empleados abordaron la nave pasado el mediodía, acompañados por Ortega, y emprendieron vuelo rumbo a la ciudad de Trinidad. En la capital del departamento del Beni los agentes de la DEA, quienes habían recibido información sobre el arreglo hecho por Roberto con el gobierno, lo esperaban con un avión listo para trasladarlo a la Florida. Pero el valiente capitán de la Umopar cumplió fielmente las órdenes emanadas de la Presidencia de la República y no permitió que los gringos se llevaran a mi esposo a ningún lugar. Media hora más tarde abordaron un bimotor de la FAB que los trasladó al fin a la base aérea del aeropuerto El Alto, en la ciudad de La Paz. Minutos después de aterrizar, el coronel Prudencio, a quien Roberto había conocido a mediados de la década del sesenta en esa ciudad, le puso su parka. Esa imagen, vestido con la prenda policial, recorrería el mundo mientras era llevado a las oficinas de policía del barrio Sopocachi.

Allí esperó unas dos semanas hasta que los trabajos de remodelación de la que sería su residencia en los próximos años estuviesen terminados. El gobierno puso a su disposición en el penal de San Pedro grandes ambientes que tuvieron que ser alfombrados, por capricho del Rey, con el típico color verde olivo del uniforme policial y un patio privado separado del resto de la población carcelaria. Las habitaciones contaban con calefacción, sonido ambiental, televisión por cable, reproductores de video, baños privados con agua caliente y teléfono. La sala tenía incluso una mesa de billar para el entretenimiento de su guardia personal y la comida la ordenaban a diario de los mejores restaurantes de la ciudad.

La pantomima que armó el gobierno para mostrar al mundo entero su arresto como un gran logro en la lucha contra el narcotráfico no se la tragaría nadie. Todos sabían que el Rey se había retirado tres años antes. Su supuesta detención no aportaría nada a la falsa guerra contra las drogas ni mermaría en un solo gramo el creciente volumen de cocaína que salía todos los días del país. Pero Roberto no se equivocó al tomar la decisión de entregarse. El siguiente año, el gobierno del sobrino del doctor Víctor Paz Estensoro, el licenciado Jaime Paz Zamora, promulgó el decreto de los narcos arrepentidos, bajo el cual se ampararon y se entregaron a la justicia boliviana la mayoría de los grandes narcotraficantes y que contribuyó a la pacificación de la nación.

"La policía boliviana mata a un hijo del Rey de la Cocaína"

El País, 24 de marzo de 1990

Roberto Suárez Levy, hijo mayor de Roberto Suárez Gómez, conocido como el Rey de la Cocaína (que cumple actualmente una condena de quince años), murió en la noche del jueves al viernes en Santa Cruz, quinientos cuarenta kilómetros al sureste de La Paz, en un enfrentamiento con la policía y en confusas circunstancias. Según vecinos de Suárez Levy, éste llegó a su casa sobre la una de la madrugada, con mucha prisa. Poco después descendió de un coche policial un oficial que resultó herido de bala en cuanto abrió la puerta una mujer, identificada como Carmiña, que fue detenida. Tres horas más tarde, el cuerpo del hijo del capo del narcotráfico era trasladado a la morgue del hospital de San Juan de Dios.

En La Paz, el comandante de la fuerza conjunta de lucha contra el narcotráfico, general del ejército Lucio Añez Rivera, aclaró que ese cuerpo no participó en el operativo y declaró que "Suárez Levy murió de un impacto de bala en el abdomen que le atravesó la columna y le provocó una hemorragia interna", pero no informó sobre las circunstancias de la muerte.

Añez indicó que, entre el martes y el miércoles, Suárez amenazó a varias personas, entre ellas a un miembro de la agencia antinarcóticos norteamericana (DEA), quienes presentaron una denuncia por intento de homicidio. Al parecer, efectivos de la fuerza conjunta buscaban a Suárez para detenerle. El comandante informó también de la detención de "la señora Carmiña" y de su empleada, "que presenció todos los acontecimientos".

Entre tanto, Roberto Suárez Gómez, que cumple condena en La Paz, solicitó permiso para asistir al sepelio de su hijo. "Hemos instruido al Ministerio Público para que se oponga tenazmente a tal solicitud", dijo el subsecretario de Justicia, Roger Pandoy, quien calificó a Suárez Gómez de "reo rematado".

CAPÍTULO 17

El asesinato de mi hijo

A partir del día de la entrega de Roberto a las autoridades nacionales, en reconocimiento tácito de su culpabilidad, nos dimos cuenta de que la cruda verdad que no queríamos aceptar era cierta. Mis hijos no estaban preparados para enfrentar la dura realidad, situación que obligaría a Roby a trasladarse a la ciudad de La Paz para estar cerca de él y apoyarlo en ese difícil momento. Conforme pasaba el tiempo mi hijo se desesperaría viendo a su padre rodeado de comodidades, pero encerrado en una jaula de oro.

A mediados del año 1989, los periódicos *La Nación* y *La Prensa Libre* de San José, Costa Rica, opositores al régimen del presidente Óscar Arias, publicaron la copia de un fax que un año antes había enviado la cancillería costarricense, a pedido del ex presidente Luis Alberto Monge, amigo de Roberto, y del ex presidente y fundador del PLN, Daniel Oduber, al consulado de ese país en Santa Cruz de la Sierra. La nota oficial del ministro de Gobernación y Policía, Antonio Álvarez Desanti, ordenaba el otorgamiento inmediato de las visas a Gary y su primo Hugo Chávez Roca, quienes tenían interés en asociarse con empresarios italianos, dueños de fábricas de calzados y curtiembres en varios países de América Central. Los titulares de prensa decían de manera textual: "Visas gestionadas por Oduber eran para narcotraficantes".

En el mes de junio de 1988, mi hijo y su primo habían sido invitados por los italianos para conocer sus diferentes industrias y ver in situ cuál de las instalaciones se adaptaba mejor a nuestro medio. Un año después los dos periódicos aprovecharon su visita para iniciar una desleal campaña mediática en contra del gobierno de Óscar Arias. El único fin de la oposición era desprestigiar, por medio de esos dos diarios, al oficialista PLN, fundado por Daniel Oduber, cuyo candidato perdió la elección de febrero de 1990 por un escaso margen, elección que gracias a las tramoyas y calumnias de la prensa ganó el candidato de Unidad Social Cristiana (USC).

Gary y Hugo fueron a Costa Rica en plena campaña política. Ofrecieron varias conferencias a los medios de prensa centroamericanos en las que desmintieron a los periódicos *La Nación* y *La Prensa Libre*. Comprobaron con documentos que carecían de antecedentes penales y que jamás tuvieron absolutamente nada que ver con el narcotráfico ni tenían cuentas pendientes con la justicia por ese o cualquier otro delito en ningún país del mundo. El único delito que mi hijo había cometido era ser hijo del Rey de la Cocaína.

En el mes de enero del año 1990 Roberto sufrió un tercer infarto. Mis hijos trataron de sacarlo de la prisión para que fuera atendido en una clínica privada como tantos otros presos, pero el gobierno del licenciado Jaime Paz Zamora, instaurado el 6 de agosto del año 1989, les negó el requerimiento legal por temor a que el Rey hablara con la prensa. Las vueltas que da la política. A Paz Zamora no le importó "cruzar ríos de sangre", como él mismo declaró, para llegar a la Presidencia. Había salido tercero en los comicios y gracias a su otrora enemigo político Hugo Banzer Suárez, quien ocupó el segundo lugar en la elección, obtuvo los votos congresales necesarios para alcanzar la primera magistratura del país y compartir el poder con el general retirado.

Ante las constantes negativas y evasivas de las autoridades de otorgarle a Roberto un permiso de emergencia para recibir atención médica especializada bajo custodia policial, Roby no pudo contener su rabia. La tercera semana del mes de marzo convocó a los medios de prensa nacionales y extranjeros a una conferencia en los predios de la Universidad Gabriel René Moreno, en la ciudad de Santa Cruz, para denunciar una serie de actos ilegales e irregularidades que habrían cometido nuestros últimos gobiernos en complicidad con los gringos en la falsa lucha contra el tráfico de drogas y el lavado de dinero. Sus declaraciones causaron un gran revuelo por involucrar a conocidas personalidades del ámbito político nacional. Se comprometió con la prensa y la opinión pública a presentar las pruebas que fuesen necesarias para comprobar la veracidad de sus palabras ante una comisión imparcial compuesta por representantes de la Organización de Estados Americanos y la Organización de las Naciones Unidas.

Las acusaciones de mi hijo pesaron a profundidad en el sentimiento de todos los bolivianos, al recordar los motivos de la muerte del profesor Noel Kempff. El connotado científico naturalista cruceño y sus acompañantes fueron acribillados por los vigías brasileños del inmenso depósito de precursores químicos de un gran complejo de laboratorios, sobre los que tendrían conocimiento el gobierno, la DEA y la CIA, en el mes de septiembre de 1986, cuando por error aterrizaron en la pista de una supuesta propiedad maderera en la serranía de Caparuch. Las investigaciones cesaron de manera misteriosa en el mes de noviembre, luego del asesinato del diputado nacional Edmundo Salazar, responsable de la comisión congresal encargada de esclarecer los luctuosos hechos de Huanchaca.

Por desgracia, la lucha solitaria de mi hijo se estrelló contra intereses millonarios imposibles de vencer. Roby fue asesinado a sangre fría tres días después de las reveladoras declaraciones que hizo en la universidad por un sicario del gobierno, a las seis y media de la tarde del día jueves 22 de marzo, en la casa de su amiga Carmiña Ortiz. Cuatro policías vestidos de civil allanaron ilegalmente el domicilio de la familia Ortiz con el pretexto de entregarles una notificación para que comparecieran ante las autoridades en un plazo de cuarenta y ocho horas. Debían responder por una denuncia que hiciera en contra suya Robert Johnston, jefe de la DEA en Bolivia. El gringo vivía en una casa que le alquilaba Carmiña y los había denunciado por supuestos disturbios que habrían ocasionado la tarde anterior en las afueras de ese inmueble, exigiendo la devolución del mismo por incumplimiento de contrato.

Mi hijo murió desangrado, y sin recibir atención médica, por un solo disparo de nueve milímetros que recibió en el lado derecho del ombligo. La bala le alcanzó la vena aorta durante el trayecto y terminó impactando su columna vertebral, destrozándola. Este disparo fue hecho por uno de los cobardes asesinos a sueldo del gobierno ante el justo reclamo de Roby por la irrupción en el interior de la vivienda de civiles desconocidos armados, mientras jugaba acostado y en total indefensión, en una de las hamacas de la galería, con los hijos menores de la dueña de casa, delante de ella y sus empleadas. Cuando el agente que realizó el disparo y sus secuaces se daban a la fuga por la salida de servicio, Carmiña disparó los cinco tiros de un revólver Smith & Wesson calibre treinta y ocho de su propiedad, con lo que logró herir a uno de ellos en el hombro.

Gary fue puesto al tanto de la situación por una llamada que recibió de una vecina amiga, quien le dijo que habían intentado asesinar a su hermano. Mi hijo llegó al domicilio, acompañado por su esposa, diez minutos después de que lo hicieron las primeras patrullas policiales. Desde la calle escuchó varias ráfagas de ametralladora disparadas al aire por los uniformados, realizadas con la finalidad de confundir a los vecinos y a los periodistas que se arremolinaron en el exterior, con la única intención de dar un tinte de enfrentamiento a los hechos. Luego de esperar varios minutos, se entrevistó con el comandante departamental de la policía, quien en un estado de nervios lamentable y voz temblorosa le dijo: "Joven Suárez, ha sucedido un terrible accidente en el que su hermano ha perdido la vida. Le ruego transmitirle mi pesar a don Roberto y pedirle que no tome represalias en mi contra. Dígale por favor que yo no tuve nada que ver con el asesinato de su hijo".

Sin embargo, a pesar de los testigos oculares que presenciaron el desenlace de los acontecimientos, la versión oficial y mentirosa que el gobierno de Jaime Paz Zamora y Hugo Banzer Suárez dio a la prensa sobre la muerte de mi hijo fue que había muerto en un enfrentamiento con las fuerzas del orden. La trágica muerte de Roby sucedió mientras su padre se encontraba todavía en prisión, y lo que más le dolió fue que no lo dejaran ir a la ciudad de Cochabamba para asistir al funeral de su hijo predilecto.

Yo me enteré de la triste noticia, que me desgarró el alma, a las nueve de la noche, mientras me encontraba de vacaciones en mi casa de São Paulo. Mis hijos decidieron llamar primero a mi mejor amiga en Brasil para que tomara las precauciones médicas necesarias, antes de darme las malas nuevas sobre el fallecimiento de mi adorado hijo. Elvira llegó a mi domicilio, acompañada por mi cardiólogo de cabecera. Al verlos en la sala sospeché que algo terrible había sucedido con algún miembro de mi familia y la cuestioné: "¿Qué es lo que ha pasado, Elvira? ¿Por qué has venido con el doctor?" Los ojos de mi buena amiga se llenaron de lágrimas al responderme: "Heidy me acaba de llamar para decirme que Roby está muy grave. Ha sido herido en un confuso accidente y usted debe prepararse para viajar mañana a primera hora a Santa Cruz acompañada por el doctor". Media hora después recibí una llamada de mi hermana Bella, confirmándome la noticia. Pasé la noche deshojando las páginas de mi memoria e ignorando la verdad, rogándole a Dios que mijito no se muriera. Recordé el primer llanto de mi primogénito la medianoche que nació en Santa

Ana, treinta y un años antes, sus primeras palabras y sus primeros pasos, hasta quedarme dormida por los efectos relajantes de las medicinas que me suministraron.

A la mañana siguiente abordé, todavía dopada, el primer avión que salió con destino a Bolivia, pero al ver la noticia sobre la muerte de mi hijo en las primeras planas de los periódicos que me dio la azafata, cinco minutos después del despegue, quise morirme. Grité con tal fuerza que el piloto estuvo a punto de regresar a São Paulo, decisión que no tomó cuando mi médico le explicó por lo que estaba pasando y necesitaba llegar a tiempo para darle el último adiós al pedacito de mi ser más preciado. Durante el vuelo pensé en los sustantivos que reciben las personas que lloran la pérdida de sus seres queridos. Cuando fallecen tus padres eres huérfano. Cuando muere tu marido eres viuda. Pero cuando pierdes a un hijo no existe sustantivo ni palabra que describa tu estado ni tus sentimientos. El dolor no tiene nombre. Ningún padre debería enterrar a un hijo. Es algo que va contra las leyes de la naturaleza.

"Bolivia no olvida al Rey de la Cocaína"

El País, 6 de agosto de 2000

*Una humilde tumba en Cochabamba recuerda desde
hace dos meses a Roberto Suárez Gómez, el productor de la droga más pura del mundo.*

Es un nicho humilde. En un pabellón a la sombra de unos cipreses
inmensos, de una buganvilla tan cansada que cualquier día se va a
descuartizar con el viento que se bate con furia en el valle de Cochabamba en esta época, yacen los restos del Rey de la Cocaína, Roberto Suárez Gómez. Se trata de una figura legendaria cuyo nombre
y las fechas de su nacimiento y sorpresiva muerte (hace dos meses,
a la edad de sesenta y ocho años) es apenas perceptible en la lápida
del cementerio general. Enormes ramos de flores eclipsan la tumba,
porque todos los días manos anónimas colocan inmensos ramos de
claveles rojos y alhelíes perfumados. Es un cuadro apto para la gratitud
del pueblo hacia el llamado Robin Hood boliviano, cuya muerte a
causa de un infarto fue celebrada con algarabía en la DEA, la Agencia
Antidroga estadounidense. El festejo fue efímero.

Con o sin Roberto Suárez, el hombre que producía la cocaína más
pura del mundo, la droga continúa llegando al insaciable mercado
de Wall Street y a los más selectos clubes de Londres, Milán, Moscú,
Roma y Madrid, donde los "polvos bolivianos de marcha acelerada"
se cotizan entre los acostumbrados a lo mejor de lo mejor: al ca-
viar Beluga iraní y los habanos cubanos más preciados, amén de las

211

cosechas del champaña añejo, de aquellos dedicados a las grandes celebraciones de la opulencia sin límites. El circuito de las limusinas a gran nivel, raudas naves en su recorrido para los clientes de Beverly Hills y Hollywood. Millones y millones de dólares generados en los campos de producción de cocaína en el amplio y fértil trópico boliviano, donde hay que habilitar las pistas de aterrizaje constantemente ante el implacable avance de la selva [...]

Poco antes de morir, el canoso Roberto Suárez Gómez posó únicamente para un fotógrafo de la revista de La Paz *Síntesis Internacional*. Se veía bien. Se destacaba su aplomo. La foto fue tomada con el trasfondo de una imagen colonial de un Jesucristo de cara sufrida [...]

CAPÍTULO 18

La muerte del Rey

Roberto permaneció recluido en el penal de San Pedro tres largos años y medio. Después de la muerte de Roby, mis hijos se turnaban para visitarlo semanalmente en la carceleta, como llamaban al sector que de forma paulatina se iría poblando con el ingreso de los narcos arrepentidos y otras ricas personalidades consideradas VIP, que purgaban diferentes condenas. "El patio parece la plaza principal de nuestro pueblo un domingo a las seis de la tarde", diría Roberto en una oportunidad, en alusión a la gran cantidad de amigos y familiares vestidos con elegancia que lo visitaban o saludaban cuantas veces salía a caminar y respirar aire puro en el gran solario. Muchos de ellos vivían o pasaban largas temporadas durante las vacaciones escolares con sus esposas e hijos menores dentro del penal.

Las fiestas que se organizaban en el interior de los muros de la cárcel no tenían nada que envidiar a las que se celebraban en su exterior y por lo general duraban hasta el amanecer. Cualquier pretexto era válido para romper la monotonía del encierro. Los primeros invitados de honor a las interminables parrandas, festejos de cumpleaños, bautizos y aniversarios eran siempre los gobernadores y alcaides de turno, o eso les hacían creer. Estas autoridades, con tal de codearse con tan distinguidos señores y recibir algunos fajos de dólares de propina, omitían los reglamentos del régimen penitenciario y autorizaban el ingreso de bebidas alcohólicas, artistas, bandas de música y, cuando la ocasión ameritaba, permitían incluso el ingreso de samaritanas del amor. ¡Qué purgatorio ni qué ocho cuartos! Era casi el paraíso. Gozaban de todos los placeres mundanos, a excepción del más preciado por el hombre: la libertad. Si algún subordinado intentaba poner alguna traba o le faltaba el respeto a cualquiera de los reclusos, sus visitas o sus familias, éste era castigado de inmediato por sus superiores. Si la falta era mayor, en cuestión de horas recibía su memorándum de cambio de destino y era enviado al punto más alejado de la geografía nacional.

Todos los narcotraficantes que se ampararon bajo el decreto del perdón gubernamental, curiosamente habían nacido o vivían en Santa Ana y daban la impresión de ser las únicas personas que se dedicaban al tráfico de drogas en Bolivia, cuando en realidad eran los novatos en esa materia. El narcotráfico en mayor escala lo iniciaron en la sede de gobierno algunos altos miembros de las dictaduras y sus parientes durante la década del setenta. Estos personeros gubernamentales aprovecharon sus cargos e inmunidad para transportar decenas de kilos de cocaína refinada a los Estados Unidos de América y Europa dentro de sus valijas diplomáticas. Luego los cruceños incursionarían en el negocio y lo incrementarían a medida que la demanda internacional aumentaba, al vender a los colombianos, a precio de regalo, el sulfato base en las pistas de sus haciendas, hasta que Roberto apareció en escena y lo monopolizó en el año 1980.

En el mes de enero del año 1992 mis hijos consiguieron al fin, gracias a gestiones personales que hicieron con el ministro del Interior, Migración, Justicia y Defensa Social del gobierno de Paz Zamora, una orden fundamentada en el respeto a la vida humana y basada en el derecho a la salud de todos los ciudadanos para trasladar a su padre a la ciudad de Cochabamba. En la capital del valle debía ser intervenido quirúrgicamente de su afección al corazón, en el Centro Boliviano Belga, cirugía a la que no se sometió por el elevado porcentaje de riesgo de perder la vida al que estaba expuesto. La necrosis cardiaca alcanzaba casi 80% de su órgano motor y había empeorado a causa de la altura de tres mil seiscientos metros sobre el nivel del mar de la ciudad de La Paz.

Para prevenir la obstrucción de sus arterias luego de tres infartos a los que sobrevivió de milagro, sus médicos le prescribieron quince años antes ingerir anticoagulantes de por vida, lo que ocasionaba que cada vez que las úlceras de sus várices en el esófago reventaran, debiera ser intervenido de urgencia para ligarlas y parar el sangrado. La delicada cirugía requería que le fuera introducido un tubo endotraqueal conectado a un respirador artificial, lo que le causaba graves problemas respiratorios y un malestar insoportable en la garganta y cuerdas vocales. Durante su estadía en Cochabamba las úlceras se le reventaron y fue sometido una vez más al delicado y doloroso proceso de entubado. Al salir del quirófano me susurró algo que recordaría los días anteriores a su muerte: "Apenas puedo respirar y hablar. Esto es un martirio chino, Negra. Te juro que prefiero morirme antes de permitir que me entuben de nuevo".

A partir del mes de marzo, gracias a la menor altitud de la ciudad de las flores y la eterna primavera, Roberto tendría una mejor calidad de vida. Dejó el Centro Boliviano Belga y fijó su residencia en la planta alta de una clínica privada ubicada a pocas cuadras de mi casa, en una especie de arresto domiciliario, donde debía pagar de su propio bolsillo al único policía encargado de su seguridad nocturna. Durante ese tiempo visitaba a mis hijos a diario y esperaba sagradamente todas las tardes la llegada de sus nietos del colegio, para tomar el té. Me sentía inmensamente feliz al verlo compartir con los niños, quienes lo adoraban, pero me invadía la tristeza cada vez que pensaba en Roby. La ausencia de su cálida sonrisa no pasaba inadvertida en ningún momento y el llanto por su partida prematura inundaba mis ojos al pensar que mis nietos menores no habían tenido la dicha de conocerlo.

A pedido de muchos familiares y amigos que lo visitaban de forma constante, pero sobre todo por la lluvia de propuestas de varios estudios cinematográficos y el marcado interés que le manifestaran prestigiosas editoriales de renombre mundial, Roberto decidió al fin escribir sus memorias. Montó sus modernas oficinas en uno de los amplios ambientes de la planta alta de la clínica y trabajó, incansable, todas las mañanas durante los dos años que estuvo en Cochabamba, narrando sus vivencias a un par de amigos que contrató para ese fin. Uno era un conocido periodista y el otro un escritor fantasma. De manera inexplicable, él y sus asesores literarios se equivocaron de cabeza a rabo al separar su historia y escribir dos libros.

El primero, que después fue de conocimiento público, era su autobiografía novelada de trescientas cincuenta páginas, que tituló "Siempre Rey", en la que omitió cualquier vínculo con el narcotráfico, quizá por la vergüenza de admitir su participación en un negocio cada vez más repudiado por la opinión pública y la sociedad en su conjunto. El segundo, que guardó con celo hasta su muerte y fue enterrado con él, lo tituló "Tesis Coca-Cocaína". En las quinientas páginas de esta obra literaria detalló con minuciosidad, desde sus inicios, todo lo concerniente al tráfico de cocaína dentro y fuera del país, los diferentes métodos de lavado de dinero en América y Europa, sus nexos con gobernantes bolivianos y extranjeros, incluyendo las relaciones de las agencias antidrogas con el tenebroso submundo del hampa.

Lastimosamente, por razones desconocidas, desperdició la última oportunidad que le brindó la vida para aclarar muchas incógnitas que hoy en día continúan en el aire. Cuando el manuscrito de su biografía estuvo terminado, en diciembre del año 1993, desfilaron por sus oficinas editores, agentes literarios, guionistas y productores de cine llegados de todas partes del mundo como abejas al panal, pero se marchaban decepcionados luego de revisar el material. El manuscrito no contenía ninguna revelación o ratificación, ni siquiera incluía un solo pasaje anecdótico acerca de su paso por el narcotráfico. Pero la mayor desilusión la sufrió él. Ninguno de los extranjeros le dio valor a la fascinante historia de su vida.

El 26 de diciembre fuimos a visitar la tumba de Roby para conmemorar su cumpleaños y llevarle un ramo recién cortado de los rosales de mi casa. Mientras cambiaba el agua del florero, Roberto me dijo: "A nadie parece importarle cuántos años tenía cuando perdí mi virginidad, ni las circunstancias en que a mis ocho años disparé por accidente un escopetazo al tigre que se comía el ganado de mi padre en San Antonio o el tamaño del caimán que maté para salvar mi propio pellejo en San Vicente cuando recién nos casamos. Peor aún, el millón de novillos que exportamos al Brasil, mi destreza encima de un caballo o mi pericia al mando de un avión, ni por qué me entregué a las autoridades para cumplir una condena ajena de quince años". Apenada, le dije con sinceridad: "Roberto, la historia de tu vida tiene un valor incalculable para tu familia, tus amigos y la gente que te conoce, pero la opinión pública mundial, que es la que compra los libros y las entradas de cine, le da mucho más valor a la valiosa información que podés dar sobre tu reinado en el narcotráfico".

En el mes de enero de 1994, luego de cumplir la tercera parte de la pena que le impuso la justicia, logró su traslado definitivo a la ciudad de Trinidad, donde al cabo de un mes obtuvo su anhelada libertad. Antes de partir, vino a despedirse: "Me voy, Negrita, no tenés idea cómo extraño el Beni. Son cinco años y medio que sueño con volver al oriente". "Que Dios te acompañe, Roberto. Llamá a tus nietos de vez en cuando para que no se olviden de vos", le respondí y lo seguí con la mirada hasta la puerta principal de mi casa. Los seis años siguientes los vivió a plenitud, quizá con la intención de recuperar el tiempo perdido, pero me hizo caso y llamaba con regularidad a los niños. Pasó administrando y reorganizando sus haciendas largas temporadas, concedió algunas entrevistas a medios locales e internacionales y, lo más importante, llevó una vida digna de ahí en adelante.

La última vez que nos vimos fue en Cochabamba, el 16 de mayo del año 2000, para la celebración de los quince años de Cinthya María, nuestra nieta mayor. El único recuerdo que me quedó de aquella reunión es la discusión que mantuvimos en mi dormitorio, cuando lo sorprendí hurgando entre mis recuerdos. Lo increpé de tal manera y le eché en cara tantas cosas, que se marchó con lágrimas en los ojos. Suerte que no vio los míos. Estaban iguales o peores. Las semanas posteriores se comunicó con más frecuencia con nuestros hijos y nietos. Ellos lo visitaron en el Beni y Santa Cruz, como presintiendo que no les quedaba mucho tiempo más para disfrutar de su cariño.

El domingo 16 de julio Roberto amaneció debilitado por una aguda hemorragia interna, causada una vez más por sus úlceras del esófago. Gary, ajeno a lo que ocurría, lo llamó muy temprano para recordarle que sus nietos harían una breve escala en Santa Cruz y esperaban verlo unos minutos en el aeropuerto. Su padre no le contó la verdad. Le dijo que había pasado una mala noche y que no se sentía bien. Vería a los niños cuando regresaran de sus vacaciones en la Florida. Mi hijo se quedó preocupado por el tono de su voz y se comunicó en seguida con uno de los empleados de la casa, a quien le ordenó entrar al dormitorio de su padre con cualquier excusa mientras dejaba la línea del teléfono abierta para escuchar el resultado. El empleado intentó cumplir el mandato, pero la puerta estaba cerrada con llave por dentro. Tocó, temeroso, con insistencia, sin recibir respuesta, hasta que Gary le dijo que buscaran a un cerrajero y, si era necesario, derribaran la puerta.

Cuando lograron abrirla, Roberto yacía en la cama con una pistola calibre cuarenta y cinco apuntándoles y diciendo: "Salgan inmediatamente de aquí. Si dan un paso más les disparo".

Con desesperación, mi hijo llamó al médico de cabecera de su padre, quien llegó quince minutos después en una ambulancia. El galeno esperó desde la puerta a que se debilitara y luego se acercó con lentitud a la cama, hasta que pudo aprovechar el primer descuido para quitarle el arma y llevarlo a su clínica privada. Roberto ingresó en un coma profundo y durante cinco días se debatió entre la vida y la muerte, conectado al respirador artificial, con los pulmones inundados de sangre, que era aspirada de manera paulatina, hasta que el jueves 20 recuperó la conciencia. Los especialistas de cuidados intensivos lograron aspirar en su totalidad el líquido de uno de sus pulmones, mientras que el otro conservaría una pequeña cantidad de sangre. Pero cuando pensaron que lo peor había pasado, sufrió un paro respiratorio a las seis y media de la tarde de ese día que le causó la muerte. Miles de personas de todas las clases sociales y de todos los colores y tamaños asistieron en romería durante la noche al velatorio del Rey en Santa Cruz, mientras que en Santa Ana y otras ciudades del país se instalaron capillas ardientes en su honor. Al día siguiente, por la mañana, su cuerpo fue trasladado por mis hijos hasta Cochabamba para enterrarlo en una multitudinaria ceremonia en el Parque de las Memorias, al lado de los restos de nuestro amado hijo Roby, como era su deseo.

Con su muerte, Roberto se llevó a la tumba secretos indescifrables sobre la falsa guerra contra las drogas que libran los gobiernos de Bolivia, los Estados Unidos de América y el mundo. El gran pecado que cometió en toda su vida, gracias a su altruismo desmedido, fue haberse involucrado sin necesidad en el narcotráfico. Siempre dio más de lo que recibió. El único consuelo que nos quedará a mí y a mis hijos es la certeza de que sobre sus espaldas jamás cargó con la muerte ni la ruina de nadie. Fue un hombre digno y humanitario hasta sus últimos días. Nosotros nos separamos en el mes de enero de 1981, pero mantuvimos una buena relación de amistad hasta su muerte. A mediados del año 1994, a pedido de mis hijos, inicié los trámites del divorcio, pero él interpuso uno y mil recursos y utilizó sus influencias para que la sentencia nunca fuera ejecutada.

Epílogo

Hoy, más de una década después de la muerte de Roberto, el balance final que nos deja su paso por el siniestro mundo del narcotráfico es negativo desde cualquier ángulo que se lo mire. Desde el punto de vista material, mis hijos y yo tenemos en la actualidad menos riqueza de la que acumulamos durante los veintitrés años que duró mi matrimonio con su padre, trabajando de sol a sol, criando y engordando centenares de miles de cabezas de ganado de forma honesta y sacrificada en nuestras haciendas del oriente boliviano, para luego exportarlas en pie al Brasil o vender su carne faenada a los centros mineros y las grandes urbes del occidente del país. El Estado boliviano, consciente del origen de nuestra fortuna, no confiscó un solo metro cuadrado de nuestras propiedades urbanas o rurales ni congeló un solo centavo de nuestras cuentas bancarias, y ninguna de nuestras aeronaves o cualquier otro bien nos fue incautado antes, durante ni después del reinado de Roberto.

Desde el punto de vista empresarial, nos perjudicó muchísimo el temor de empresas de renombre mundial a invertir junto a nosotros o proveernos de materiales directamente. Debido a esto dejamos escapar inmejorables oportunidades que se nos presentaron para mantenernos a la vanguardia en los rubros industriales en que incursionamos de manera visionaria, en los últimos años de la década del setenta, para diversificar nuestra creciente economía.

Por último, el punto más importante. Mi familia fue la más afectada y se vio reducida de manera prematura por las dolorosas pérdidas que se derivaron como resultado de la innecesaria decisión de mi marido de involucrarse en el tráfico de cocaína. Lo primero que perdí, poco antes de perder al único hombre que amé en mi vida, fue mi tranquilidad. Al siguiente año mi suegro sufrió una embolia cerebral que luego de doce meses le causó la muerte. Mi primer nieto, hijo de Harold, partió poco tiempo después y hoy vive en Las Vegas con otra identidad. Luego fue el turno de mi yerno, quien pasó largos años en una prisión estadounidense, alejado de su familia. El último en dejarme, para nunca más volver, fue mi adorado hijo Roby.

La fría enumeración de las infinitas aflicciones que torturan a diario mi viejo y cansado corazón no tiene otra finalidad que alertar a las nuevas generaciones sobre los peligros que trae consigo el dinero fácil proveniente del tráfico de drogas. Es un precio demasiado caro a pagar. Tarde o temprano te pasa la factura, cobrándose con la libertad o la vida de tus seres queridos o, como sucede por lo general, se cobra con la tuya.

El honesto y detallado recuento que he compartido con ustedes de los hechos referentes al narcotráfico y sus conexiones, arriesgando mi integridad física al dar a conocer a la opinión pública internacional los compromisos que asumieron gobiernos, fuerzas represivas, agencias antidrogas y personas ligadas a esta ilícita actividad, es para demostrar de manera fehaciente la falsedad de la guerra contra las drogas. Prueba de ello es el incremento del cultivo de la hoja sagrada de los incas en el Perú durante las últimas décadas y la triplicación de hectáreas cultivadas de la milenaria planta que existen en la actualidad en Bolivia, comparadas con el número de hectáreas sembradas de coca en la década del noventa. A partir del año 2006 hemos sido testigos impotentes del avasallamiento abusivo por parte de las Federaciones de Cocaleros del Trópico a territorios indígenas y reservas forestales.

He caminado por la delgada línea que divide el bien del mal, motivada por el inmenso amor que sentía por Roberto, con la esperanza de rescatar de las garras del demonio al único hombre que conquistó mi corazón. Como madre y esposa, enfrenté y sigo enfrentando una de las peores luchas conmigo misma. He debatido con mi conciencia y pasado interminables momentos buscando una respuesta divina que me ayude a entender nuestro destino, preguntándome si de alguna manera hubiera sido posible cambiar el curso de los acontecimientos o simplemente aceptar la voluntad de Dios.

Yo fui el Rey

Extractos del prólogo a la autobiografía inédita de RSG

La vida de un hombre, aun la del más humilde, es representativa de una época y de un determinado entorno humano; refleja, de una u otra manera, la atmósfera política, económica y cultural dentro de la que le toca vivir en sus propias circunstancias de tiempo y espacio. Inmerso en tal contexto social, el individuo transcurre en su ciclo vital dándole su propia singularidad, lo que en algunos casos se traduce en una existencia intensamente vivida.

Ella no tendría sentido si no estuviera enraizada en la colectividad, si ignorara sus intereses y aspiraciones. Empero, cuando su tónica permanente ha sido la búsqueda de la redención de los sectores más expoliados de la sociedad y de la patria misma, sería un egoísmo imperdonable no transmitir la experiencia acumulada. Porque ¿de qué sirve al hombre su paso por el mundo terreno, así lo haya hecho a ritmo intenso, si toda su vivencia morirá con su desaparición de la faz de la Tierra?

Yo tengo mucho que contar y no puedo dejar que mi verdad muera conmigo. La verdad siempre es elusiva, a veces escurridiza y con frecuencia inaccesible; puede ser también tan personal que difiera sustancialmente de las verdades ajenas; o se la puede mostrar de las maneras que más convengan a los manipuladores de la información. Sin embargo, prevalece siempre sobre la falsedad y la mentira. La verdad absoluta es sólo de Dios; pero si este mundo no estuviera hecho de apariencias, por lo menos podríamos intuirla, a despecho de los poderosos intereses que se empeñan en taparla.

Mi vida, como la de todos los bolivianos, ha estado siempre condicionada, con trágica intensidad, a los males y a los infortunios de la Patria. En esencia, no difiero de ninguno de mis compatriotas —cambas, collas, chapacos, blancos, negros, indios, cholos o mestizos—, pues como todos ellos he vivido inmerso en una dolorosa realidad que pareciera impuesta de manera inapelable por el destino. Yo siempre me he negado a aceptar que ésta sea una realidad definitiva y he luchado con constancia —y continuaré luchando hasta mi último aliento— por cambiarla, porque la conciencia del deber me ha impuesto una línea de conducta de la cual nada ni nadie podrá apartarme, así sea con el sacrificio de mi vida. Quizá esto sea lo único que me diferencia de muchos compatriotas míos que nunca han comprendido por qué fui el Rey y me ven como a nada más que un vulgar delincuente.

Yo fui el Rey. Mas, si se está en la cumbre, se está también al borde del precipicio. Cuando vuelvo mi pensamiento hacia atrás, no dejo de maravillarme por encontrarme todavía aquí, siempre remando contra la corriente, siempre adelante, a pesar de los escollos y de los tumbos.

Si no he sucumbido, es porque todo lo he hecho en mi vida con pasión y con honestidad, aunque la ley, la moral convencional y el sistema lo condenen. Si me he equivocado, ha sido porque no me he quedado quieto y resignado, porque no me he adaptado sumisamente a circunstancias que mi dignidad y mi amor por la Patria me obligaron, y me obligan, a rechazar. Sólo los conformistas y los cobardes no se equivocan, porque temen rebelarse contra sus amos y esconden su temor, con lo que objetan a su propia conciencia.

¿Por qué extrañarnos de que, si alguien se ve mezclado en el turbio mundo de las drogas, se tenga por sentado que lo único que busca es fortuna o poder?, ¿por qué parecernos raro que se niegue *a priori* la posibilidad de incursionar en el narcotráfico en aras de nobles ideales, con la motivación del amor a la Patria y a la humanidad?, ¿por qué sorprendernos de que se dé categoría de dogma inconmovible a la idea de ser incongruente que un individuo, que haya alcanzado alto éxito en su vida privada, participe en el tráfico de sustancias prohibidas por devoción a su pueblo y a los pueblos del mundo? La moral convencional y los intereses subyacentes desdibujan la realidad, mostrándola como una película de Hollywood, donde los buenos son siempre ellos y los irremediablemente malos somos siempre nosotros, los que no somos como ellos. No es sólo una enfermedad del pensamiento o un maniqueísmo sofisticador; es también una mañosa y premeditada distorsión de la verdad.

Yo he escrito para confesarme ante mi pueblo y ante el mundo, con la esperanza de que mi experiencia contribuya a formar una nueva conciencia colectiva que ya se advierte venir y que algún día cambiará al planeta. Sé que no es fácil llegar a la comprensión y al sentimiento del pueblo. Un Antonio José de Sucre, un Andrés de Santa Cruz, un Gualberto Villarroel, tuvieron que morir para conseguir su reivindicación histórica. Empero, no me mueve un afán de justificación ni me preocupa restaurar mi imagen mancillada, porque no me interesa cómo aparezco ante los demás; me interesa cómo aparezco ante mí mismo y ante Dios, y Él será, al final de la jornada, quien, como Supremo Juez, evalúe los actos de mi vida y emita su veredicto.

RoBERTO SUÁREZ GÓMEZ

Notas periodísticas

"A Self-Styled Robin Hood", *Time*, Estados Unidos, 25 de febrero de 1985.

"Bolivian Bids Reagan Jail Him", *The New York Times*, Estados Unidos, 12 de septiembre de 1982.

"Bolivian Drug Lord is Captured", *The New York Times*, Estados Unidos, 22 de julio de 1988.

"Fighting the Cocaine Wars", *Time*, Estados Unidos, 25 de febrero de 1985.

"Los Novios de la Muerte en Bolivia", *Nación*, Chile, 8 de agosto de 2007.

"Roberto Suárez Gómez, Bolivia's King of Cocaine, died on July 20th, aged 68", *The Economist*, Reino Unido, 3 de agosto de 2000.

"Roberto Suárez-hijo, absuelto por cargos por traficar con cocaína", *El Deber*, Bolivia, 20 de noviembre de 1983.

Azcui, Mabel, "La policía boliviana mata a un hijo del 'rey de la cocaína'", *El País*, España, 24 de marzo de 1990.

Azcui, Mabel, "Roberto Suárez: 'No creo en esta guerra'", *El País*, España, 5 de febrero de 1990.

Cabrera, Adalid, "Narco pactó con golpista boliviano", *El Nuevo Herald*, Estados Unidos, 1 de noviembre de 1998.

Eddy, Paul, Hugo Sabogal y Sara Walden, *Las guerras de la cocaína*, Ediciones B, España, 1989, citado en "Así empezó el cártel", *Semana*, Colombia, 22 de mayo de 1989.

Gumucio, Juan Carlos, "Bolivia no olvida al Rey de la Cocaína", *El País*, España, 6 de agosto de 2000.

Gunson, Phil, "Roberto Suárez. Notorious Bolivian drug baron and conduit for Oliver North's funds to the Nicaraguan contras", *The Guardian*, Reino Unido, 4 de agosto de 2000.

Kandell, Jonathan, "The Great Bolivian Cocaine Scam", *Penthouse Magazine,* Estados Unidos, septiembre de 1982, pp. 73-74, 164-170.

Paz Soldán, Edmundo, "El Rey de la Coca y yo", *Vanity Fair*, España, marzo de 2010.

Ramos, Rafael, "Las tropas norteamericanas empiezan a limpiar los 'santuarios' del tráfico de drogas en Bolivia", *La Vanguardia*, España, 20 de julio de 1986.

Rowley, Storer, "Big Bolivia Fish Elude Cocaine Net", *Chicago Tribune*, Estados Unidos, 22 de julio de 1986.

Sanjinés, Ricardo, "La falsa tesis del Rey de la Coca", *El Diario*, Bolivia, 23 de noviembre de 2007.

AMANDO A PABLO, ODIANDO A ESCOBAR
de Virginia Vallejo

En julio de 2006 un avión de la DEA sacó a Virginia Vallejo de Colombia. Su vida estaba en peligro por haberse convertido en el testigo clave de los dos procesos criminales más importantes de la segunda mitad del siglo veinte en su país: el asesinato de un candidato presidencial y la toma del Palacio de Justicia, donde fallecieron alrededor de cien personas, entre magistrados, guerrilleros y civiles. Veintiocho años antes, Virginia Vallejo era presentadora de televisión en Colombia y modelo que aparecía en las portadas de las principales revistas. Conoció en 1982 a Pablo Escobar, un misterioso político de treinta y tres años que en realidad manejaba los hilos de un mundo de riqueza inigualable en que gran parte del incesante flujo de dinero procedente del tráfico de cocaína se canalizaba a proyectos de caridad y a las campañas de candidatos presidenciales de su elección. Este libro es una apasionada historia de amor convertida en crónica del horror y la vergüenza, y describe la evolución de una de las mentes criminales más siniestras de nuestro tiempo: su capacidad de infundir terror y generar corrupción, los vínculos entre sus negocios ilícitos y varios jefes de Estado, los asesinatos de candidatos presidenciales y la guerra en que sumió a todo un país. *Amando a Pablo, odiando a Escobar* es también la única visión íntima posible del legendario barón del narcotráfico, plena de glamour y espíritu de supervivencia, y no exenta de humor. Virginia Vallejo narra esta historia descarnada como nadie más podía haberlo hecho.

Crimen/Memorias

NARCOMEX
Historia e historias de una guerra
de Ricardo Ravelo

En esta incisiva y apasionante investigación periodística, Ricardo Ravelo, el mayor experto en temas de narcotráfico, nos presenta todos los ángulos esenciales para entender la guerra más sangrienta que ha vivido México en el último siglo: las rutas de la droga, el lavado de dinero, las complicidades oficiales, el cambio de bando de las fuerzas armadas, la impunidad, la vida de los capos, sus abogados y sus oscuros negocios. *Narcomex* se articula en dos ejes: en el primero se exponen los antecedentes y la historia del conflicto por el que atraviesa el país desde que la guerra contra el crimen organizado fue declarada. En el segundo, Ravelo narra las historias de sus protagonistas: los capos, las fuerzas del Estado, los abogados y otros actores de la sociedad civil, enlazados en esta vorágine interminable. El autor relata episodios tan significativos como la fuga del *Chapo* Guzmán; la caída del gobernador Mario Villanueva, condenado a prisión por tráfico de drogas; el surgimiento de *Los Zetas*; la vida y muerte de Raquenel, "la abogada de acero"; el ascenso y caída de Osiel Cárdenas; o el caso de don Alejo Garza, un hombre inquebrantable que murió a sangre y fuego defendiendo su patrimonio. En suma, *Narcomex* presenta el panorama más amplio y completo sobre el salvaje fenómeno que ha llevado a México a una de las peores crisis de su historia.

Actualidad/México

VINTAGE ESPAÑOL
Disponibles en su librería favorita.
www.vintageespanol.com